Martin Bauspieß

Begegnungen mit dem Wort. Predigten im Echaztal

Martin Bauspieß

Begegnungen mit dem Wort. Predigten im Echaztal

Fromm Verlag

Imprint

Publisher:
Fromm Verlag
is a trademark of
International Book Market Service Ltd., member of OmniScriptum Publishing Group
17 Meldrum Street, Beau Bassin 71504, Mauritius

Printed at: see last page
ISBN: 978-620-2-44293-0

Martin Bauspieß: Begegnungen mit dem Wort

Allen, „die den Namen des Herrn anrufen" (1Kor 1,2) in Unterhausen und Honau

Vorwort

„Begegnungen mit dem Wort“ – das sind viele der Predigten gewesen, die ich während meiner Zeit als Pfarrer in Unterhausen und Honau gehalten habe. Sie sind der Versuch, durch die vielen Worte hindurch auf das *eine* Wort zu hören, das von außen auf uns zukommt und uns sucht – das Wort Gottes. Bei den Predigten aus den Jahren 2014 bis 2018 durfte ich immer wieder die beglückende Erfahrung machen, dass Menschen angesprochen wurden. Dem liegt die Erfahrung voraus, dass ich selbst zuerst angesprochen wurde und so etwas weitergeben konnte. Bei meinem Abschied entstand deshalb der Gedanke, einige dieser Predigten zusammenzustellen und zu bewahren als Erinnerung an meine Zeit in Unterhausen und Honau und an die Begegnungen, die uns dabei geschenkt worden sind. Wenn sie darüber hinaus Leserinnen und Leser ansprechen und zu Hörerinnen und Hörern werden lassen, freue ich mich darüber.

„Begegnung mit dem Wort“ ist der Titel eines Aufsatzes, in dem ich die Bibeltheologie Hans Joachim Iwands (1899–1960) nachgezeichnet habe, dessen „Predigtmeditationen“[1] für meine eigene Predigttätigkeit leitend waren und sind.[2] Grundlegend ist für mich der Gedanke, dass die Welt nicht einfach *per se* Zeugnis gibt von Gott, wohl aber durch sein Wort zum Hinweis auf seine Gegenwart *werden* kann.[3] Ausgehend vom Zeugnis der Schrift können wir Entdeckungen machen in unserer Welt und in unserem Leben. So können Erfahrungen an Tiefe und Aussagekraft gewinnen, wenn wir sie vom Evangelium her beleuchten. Die Predigten sind Anrede gewesen und sie können neu zur Anrede, zur Begegnung mit dem Wort werden *ubi et quando visum est Deo* – wo und wann Gott es gefällt.[4] Als äußeres Zeichen dafür habe ich die übliche Anrede am Anfang („Liebe Gemeinde“) und das „Amen“ am Ende in der Textfassung weggelassen. Das „Amen“ ist von der Gemeinde zu sprechen. Ob Sie es sprechen mögen, entscheidet sich bei der Lektüre.

---

[1] *Hans Joachim Iwand*, Predigt-Meditationen, Göttingen ^{2}1964; *ders.*, Predigtmeditationen. Zweite Folge, Göttingen o.J.

[2] *Martin Bauspieß*, Begegnung mit dem Wort. Hans Joachim Iwand als Bibeltheologe, EvTh 76 (2016), 182–197.

[3] Dieser Sachverhalt wird exemplarisch deutlich an der Gleichnisverkündigung Jesu: Jesus erzählt ganz alltägliche Geschichten. Indem *er* sie aber erzählt und sie auf das Reich Gottes bezieht, werden sie zur Anrede an die Hörerinnen und Hörer, vgl. dazu *Karl Barth*, Die Kirchliche Dogmatik IV/3,1, 124–126; *Eberhard Jüngel*, Paulus und Jesus, Tübingen ^{6}1986, 135.

[4] Mit dieser Wendung bestimmt die Confessio Augustana (= CA), das grundlegende evangelische Bekenntnis, wie Gott durch Wort und Sakrament den Glauben wirkt (CA V). Der Glaube bleibt immer ein Werk Gottes des Heiligen Geistes. Über dem Wort der Verkündigung aber steht die große Verheißung, dass Gott sich menschlicher Worte bedient, um Glauben zu wirken „tamquam per instrumenta“ – „wie durch Mittel (oder: Instrumente)“.

Mir war es wichtig, deutlich zu machen, dass das Evangelium etwas zu sagen hat zu den alltäglichen Fragen des persönlichen Lebens, aber auch zu Fragen von Politik und Gesellschaft. Die intellektuelle Kraft der biblischen Tradition wird nach meiner Überzeugung häufig unterschätzt, und zwar sowohl von denen, die meinen, ängstlich an einer vermeintlich „wörtlichen" Bedeutung der Texte festhalten zu müssen als auch von solchen, die die biblischen Texte als Ausdruck einer überkommenen Weltsicht betrachten. So habe ich mich einerseits auf die Auslegung der zugrundeliegenden Texte konzentriert, andererseits aber auch nach ihrer Gegenwartsbedeutung gefragt – und manchmal gemerkt, wie sich beides gegenseitig auslegt. Dieses Wechselverhältnis von Auslegen und Verstehen war für mich eine faszinierende Erfahrung, die meine Theologie bereichert hat. Die Predigten sind in chronologischer Reihenfolge geordnet, so dass ein Entwicklungsgang sichtbar werden kann. Manche Fragestellung taucht anhand eines bestimmten Textes oder einer bestimmten Situation auf, um an anderer Stelle noch einmal aufgenommen oder vertieft zu werden. Für Leserinnen und Leser, die nicht aus Unterhausen und Honau sind, mag die ein oder andere Situation „Lokalkolorit" tragen. Ich meine aber, dass in manch konkreter Frage „vor Ort" exemplarisch Fragen aufbrechen, die auch andernorts diskutiert werden und relevant sind.

Theologisch zentral geworden ist für mich in meiner Predigttätigkeit der Gedanke, dass Gott immer dann in die Ferne rückt, wenn er abstrakt behandelt wird. Die Wirklichkeit, die wir mit Recht „Gott" nennen, *begegnet* uns als Wirklichkeit. Glaube entsteht in der Begegnung und er führt zu neuer Begegnung. Wenn ich mit dieser Sammlung ein paar Niederschläge der „Begegnungen mit dem Wort" weitergebe, dann geschieht dies aus Dankbarkeit gegenüber allen, die mir zugehört haben und mit denen ich gemeinsam hören durfte, mit denen ich gemeinsam erfahren durfte, dass es wirklich wahr ist, dass die Wirklichkeit Gottes mitten unter uns in seinem Wort begegnet und uns so unsere Welt aufschließt als einen Ort, an dem wir ihn entdecken können.

Martin Bauspieß, im August 2018

Bibeltexte werden in der Regel nach der Lutherübersetzung wiedergegeben, bei den Predigten vor 2017 nach der revidierten Fassung von 1984, danach nach der neuen Revision von 2017. Wo ich eigene Übersetzungen verwendet habe, habe ich dies notiert. Wo ich andere Übersetzungen, etwa die Einheitsübersetzung (=EÜ) benutzt habe, habe ich dies ebenfalls kenntlich gemacht.

1. Es mögen wohl Berge weichen (Jes 54,7–10)[5]

Was bleibt? Diese Frage hat die Menschen zu allen Zeiten bewegt, und sie bewegt uns bis heute. Was bleibt? Diese Frage bewegt uns, weil wir wissen, dass sich alles ständig verändert. Alles ist im Fluss. „Man kann nicht zwei Mal in denselben Fluss steigen", hat der griechische Philosoph Heraklit gesagt. Denn beim zweiten Mal hat sich der Fluss verändert, und auch wir sind nicht mehr dieselben. Vielleicht ist uns heute diese Grundeinsicht deutlicher als je zuvor. Ein Beispiel dafür könnte die Entwicklung auf dem Gebiet der Technik sein. Der Computer, das Handy oder Smartphone, die ich mir heute anschaffe, sind wenige Monate später schon wieder veraltet und durch etwas Neueres, Schnelleres ersetzt. Wir kommen kaum noch hinterher hinter den Entwicklungen der Technik, aber auch hinter dem, was sich in unserer Gesellschaft verändert. Traditionen verlieren an Bedeutung, was gestern noch wichtig war, spielt heute kaum eine Rolle mehr. Und gerade deshalb stellt sich die Frage: Wo bleibe ich selbst angesichts all dieser Veränderungen? Wer bin ich, wenn ich älter werde, wer werde ich morgen sein? Wie wird unsere Welt dann aussehen? Werde ich einen Platz in dieser Welt haben? All diese Fragen können uns gefangen nehmen. Sie können uns Angst machen. Denn die Zukunft ist ungewiss. Wir haben sie nicht in der Hand.

Weil diese Fragen so bedrängend sind, darum stehen wir aber vielleicht heute auch besonders in der Gefahr, diese Grundeinsicht zu vergessen oder besser: zu verdrängen. Mir kommt es so vor, dass heute Zukunftsprognosen immer wichtiger werden. Tagtäglich wird uns vor Augen gestellt, wie unsere Zukunft aussehen könnte, und ständig werden wir dazu aufgefordert, unsere Zukunft zu sichern. Als ich mein erstes theologisches Examen bestanden hatte, bekam ich einen Brief von einem Versicherungsunternehmen, in dem ich zu einem Gespräch eingeladen wurde. Ich habe einen Termin vereinbart und bekam von einem Berater Modelle ausgebreitet, welche Versicherungen für mich sinnvoll wären, wogegen ich mich in meinem Berufsleben auf jeden Fall absichern sollte, und ich bekam die Frage gestellt, wie ich eigentlich meinen Ruhestand gestalten wolle. Ich verstehe, dass diese Fragen gestellt werden müssen. Sie kommen ja von der Einsicht her, dass die Zukunft vieles mit sich bringen kann, was wir nicht absehen können. Und doch haben mich diese Fragen auch irritiert. Denn untergründig vermittelten sie den Eindruck, ich hätte es selbst in der Hand. Ich könnte – und müsste! – meine Zukunft wirklich selbst sichern.

Ist es nicht so, dass wir diesen Wunsch in uns spüren? Wir wollen unser Leben im Griff haben. Wir brauchen Sicherheit für heute und für morgen. Aber eigentlich wissen wir:

[5] Predigt am Sonntag Lätare (30. März 2014) in der Galluskirche Honau und in der Erlöserkirche Unterhausen.

Diese Sicherheit gibt es nicht. Mir fällt es immer wieder unendlich schwer, einzusehen, dass ich mein Leben nicht selbst in der Hand habe. Ich merke: Das will ich eigentlich nicht. Vielleicht geht es Ihnen ja ähnlich. Vielleicht fallen Ihnen Beispiele aus Ihrem eigenen Leben ein, wo Sie lernen mussten, dass Sie Ihr Leben nicht in der Hand haben. Da hat man sich vielleicht um eine Arbeitsstelle bemüht, die man unbedingt haben wollte. Man hatte sich in Gedanken schon ausgemalt, wie man die Stelle ausfüllen könnte. Und dann kam eine Absage. Aber oft sind es noch tiefer greifende Erfahrungen, die uns bewusst machen, dass wir eben *nicht* diejenigen sind, die unser Leben selbst entwerfen. Zum Beispiel wenn eine Krankheit über uns selbst oder über einen Familienangehörigen hereinbricht, die das Leben verändert. Wenn unsere Kräfte nachlassen und wir merken, dass wir manches, was wir gerne schaffen würden, so nicht mehr leisten können. Da müssen wir dann einsehen: Es läuft nicht nach unseren Wünschen. Oft geschieht etwas, das wir uns nicht gewünscht haben und mit dem wir doch leben müssen.

Das Volk Israel musste zahlreiche solcher Erfahrungen machen. Die einschneidendste unter ihnen hat in der Bibel tiefe Spuren hinterlassen: die Erfahrung des Exils. Im sechsten Jahrhundert vor Christus hatten die Babylonier Jerusalem erobert, den Tempel zerstört und die führenden Köpfe der Gesellschaft in die Gefangenschaft nach Babylon geführt. Die Zukunft des Volkes stand auf dem Spiel. Ja, dieses Volk schien keine Zukunft mehr zu haben. Die tiefe Krise, in der Israel sich befand, lag aber woanders: Das Volk Gottes hatte den Kontakt zu seinem Gott verloren. Denn mit dem Tempel, dem Ort der Gegenwart Gottes, war auch die Gewissheit verschwunden, dass Gott bei seinem Volk war. Die Menschen fragten sich: Wo ist denn Gott geblieben? Hat er uns verlassen? Hat er sich von uns abgewandt? Ist das der Grund, warum wir ins Exil mussten?

Mit diesen Fragen rühren wir an den Punkt, an dem Veränderungen uns Angst machen können. Die Angst, dass mit ihnen alles, was mir Halt gibt, verloren gehen könnte. Für Israel hätte die Erfahrung, das Leben nicht in der eigenen Hand zu haben, schmerzhafter nicht sein können. Aber gerade an diesem tiefsten Punkt der Verunsicherung ereignet sich eine Wende, die nicht zu erwarten war. Wo Israel seinen Gott ganz und gar als abwesend erlebt hatte, da ergeht auf einmal ein prophetisches Wort, das wie Balsam ist auf eine schmerzhafte Wunde. Weil dieses Wort heilen konnte, darum hat man es aufgeschrieben. Darum begegnet es uns heute als Wort Gottes an uns, aufgeschrieben im Buch des Propheten Jesaja, Kapitel 54, die Verse 7–10:

(7) Ich habe dich einen kleinen Augenblick verlassen, aber mit großer Barmherzigkeit will ich dich sammeln. (8) Ich habe mein Angesicht im Augenblick des Zorns

ein wenig vor dir verborgen, aber mit ewiger Gnade will ich mich deiner erbarmen, spricht der HERR, dein Erlöser. (9) Ich halte es wie zur Zeit Noahs, als ich schwor, dass die Wasser Noahs nicht mehr über die Erde gehen sollten. So habe ich geschworen, dass ich nicht mehr über dich zürnen und dich nicht mehr schelten will. (10) Denn es sollen wohl Berge weichen und Hügel hinfallen, aber meine Gnade soll nicht von dir weichen, und der Bund meines Friedens soll nicht hinfallen, spricht der HERR, dein Erbarmer.

Was ist das für ein Wort? Warum kann dieses Wort heilen? Es erzählt davon, dass sich in Gott selbst eine Wende vollzieht, die mit dem Wort „Barmherzigkeit" beschrieben wird. Das hebräische Wort erinnert an den „Mutterleib", an die „Eingeweide" als Sitz der Emotionen und der Empfindungen. „Barmherzigkeit" meint, dass es einem die Eingeweide zusammenzieht und er nicht länger mit ansehen kann, wie ein anderer leidet. So wie eine Mutter, die zornig gewesen ist auf ihr Kind, es nicht länger ertragen kann, wenn ihr Kind weint und leidet, sondern es in den Arm nimmt und an sich drückt. Der Prophet Jesaja sagt uns: So ist Gott zu uns! Es ist ihm nicht egal, welche Wendungen unser Leben nimmt. Es ist ihm aber auch nicht egal, wo wir in unserem Leben in die falsche Richtung gehen. Für Israel jedenfalls war es wichtig einzusehen, dass der Verlauf der Geschichte auch mit seiner eigenen Schuld zu tun hatte. Oft ist das der erste Schritt zur Befreiung. Aufzuhören, mit Gott darüber zu hadern, welche Wendung mein Leben genommen hat. Und anzufangen zu fragen, wo ich mich vielleicht selbst in Dinge verstrickt habe, die mir nicht guttun und die ich ändern kann. Anzufangen zu fragen, welche Möglichkeiten es jetzt für mich gibt. Aber Jesaja weiß auch, dass wir selbst diese Wende oft nicht herbeiführen können. Er macht uns Mut, darauf zu vertrauen, dass Gott uns neue Wege auftun kann, wo wir es gar nicht mehr erwarten.

Der Gott, von dem der Prophet Jesaja redet, ist ein Gott, der mit seinen Menschen mitgeht. Er verspricht uns nicht, uns alles zu ersparen auf unserem Weg. Aber er verspricht uns, uns neue Kraft zu geben, wenn wir sie brauchen. Für Israel war dies die Erfahrung, dass das Exil ein Ende fand. Die Zeit der Abwesenheit Gottes wurde überboten durch die erneute Erfahrung seiner Zuwendung, die wieder neu Vertrauen und Lebensfreude ermöglichte.

Der Gott, von dem der Prophet Jesaja redet, ist kein „unbewegter Beweger", kein Prinzip, das hinter allem steht, was wir erleben und den man für alles verantwortlich machen kann, was uns geschieht. Der Gott, von dem Jesaja redet, ist ein Gott, der sich *erbarmen* kann. Wenn wir aufhören, *über* ihn zu reden und zu spekulieren, warum dies oder jenes geschieht und anfangen *mit* ihm zu sprechen, ihm unser Leid zu *klagen* und ihn zu *bitten*, uns einen Weg zu zeigen, den wir jetzt gehen können – dann kann uns dieser barmherzige Gott begegnen. Dass Gott barmherzig ist, ist keine allgemeine Wahrheit, es ist eine Erfahrung, die man nur je und je neu machen kann.

Jesaja verweist ganz auf den Anfang der Geschichte, um seinem Volk deutlich zu machen, wie Gott an ihm handelt. Israel hatte Gott kennengelernt als die Macht, die angesichts und trotz der Bedrohungen von außen Lebensräume schenkt. Gott gewährt Lebensräume, wo Menschen sie verspielt haben. Diese Weltsicht der Bibel ist nicht weltfremd oder naiv. Es ist vielmehr eine Sicht, die weiß, dass unsere Welt und unser Leben von allem Anfang an bedroht sind, aber darauf vertraut, dass der tragende Grund unserer Welt eine Macht ist, die uns Menschen trotz dieser Bedrohung Räume zum Leben eröffnet. Diese Wirklichkeit heißt in unserem Text „Gnade". Man könnte das Wort auch mit „Solidarität" übersetzen. „Gnade" meint hier einen festen Grund, der sich immer wieder neu als zuverlässig erweist, wenn wir nicht aufhören nach diesem Grund zu fragen und um ihn zu ringen. Das Vertrauen zu Gott kommt nicht daher, dass alles immer gleichbleibt oder wir alles begreifen könnten, was geschieht. Sondern daher, dass wir in allem Wandel auf den vertrauen dürfen, der uns auf diesem Weg begleitet. Dieses Vertrauen kommt nicht aus uns selbst. Wir können es nicht selbst schaffen. Wir können es uns nicht selbst sagen. Wir müssen es uns sagen lassen. Hören wir also hin, wenn Jesaja uns heute Morgen sagt: „Es mögen wohl Berge weichen und Hügel hinfallen, aber meine Gnade soll nicht von dir weichen und der Bund meines Friedens soll nicht hinfallen, spricht der Herr, dein Erbarmer."

Die ersten Christen haben diese Erfahrung, von der Jesaja erzählt, noch einmal ganz neu gemacht. Sie hatten erlebt, dass in Jesus von Nazareth ihnen Gott ganz nahegekommen war. Und dann mussten sie begreifen: Diese Nähe gibt es nicht an den Erfahrungen des Scheiterns und des Todes vorbei. Es gibt sie nur durch diese Erfahrungen hindurch. Die „Herrlichkeit" Jesu, die Gewissheit, dass in ihm wirklich Gott ganz da ist, erscheint an dem Ort, an dem es ganz und gar undenkbar zu sein scheint: in seinem Tod am Kreuz. Dort hat er unsere Geschichte zu seiner *eigenen* Geschichte gemacht. Dort hat er uns gesagt: ‚Ich nehme auch das Dunkle und selbst den Tod auf mich. Ich bin bei dir auf deinem Weg und führe dich von der Dunkelheit ins Licht. Hört nicht auf, diesem Wort zu vertrauen!'

Wenn wir das glauben können, dann erhalten wir einen Grund, der uns trägt, auch wenn alles um uns herum sich verändert und wankt. Dann werden wir frei von der Vorstellung, wir müssten unsere Zukunft vorwegnehmen und selbst sichern. Dann werden wir frei für den kommenden Gott, der unsere Zukunft ist. Dann ist die Zukunft keine Drohung mehr, sondern ein Lebensraum, in dem uns Gott begegnet. Wenn Sie nachher aus der Kirche herausgehen, dann schauen Sie einmal zu den Felsen hinauf, die über dem

Echaztal hinaufragen. Dann lassen Sie es sich noch einmal von dem Propheten Jesaja sagen: Selbst wenn diese Felsen dort anfangen würden zu wanken. Die Gnade Gottes wankt nicht. Seine Barmherzigkeit bleibt. Wir dürfen darauf vertrauen, dass er sich uns immer wieder neu zuwendet und uns mitten in all der Veränderung *Freude* schenkt am Leben. Wo wir dieser Freude Raum geben, da spüren wir mitten in unserer Welt etwas von Gottes Friedensbund, der Gottes letztes Wort ist über unser Leben.

2. Gottes Sonne über Gerechte und Ungerechte (Mt 5,45)[6]

In vielen Gemeinden wird in diesen Wochen ein Erntebittgottesdienst gefeiert. Auch bei uns ist es üblich, einen solchen Gottesdienst zu feiern. Am Beginn der Erntezeit bringen wir unsere Bitte vor Gott, dass die Ernte gut ausfallen möge, dass die Wetterbedingungen so sind, dass der Boden genug hergibt für uns alle, damit wir leben können. Freilich hat sich diese Bitte in unserer Zeit deutlich verändert. Immer weniger Menschen, als dies früher der Fall war, leben von der Landwirtschaft. Durch den Handel, in dem Waren ein- und ausgeführt werden, durch die großen Supermarktketten, die ihre Waren aus aller Welt bekommen, ist es oft nicht mehr so, dass wir als Einzelne direkt von dem leben, was vor unserer Haustür wächst. Oft wissen wir gar nicht, woher die Waren, die wir konsumieren, herkommen. Wenn es etwas bei uns gerade nicht gibt, dann lässt es sich gut von woanders her beschaffen. Oft haben wir modernen Menschen gar kein Gespür mehr dafür, welche Sorten zu welcher Zeit Saison haben und wann geerntet werden können. Oder auch dafür, welche Preise angemessen sind für welche Produkte. Dies alles sind Zeichen für eine Entfremdung von unserer Natur, deren Probleme uns in den vergangenen Jahren eindrücklich vor Augen geführt worden sind. Wir haben gelernt, dass „über das Wetter reden" alles andere als belanglos ist, ja, dass wir in den vergangenen Jahren immer wieder mit sorgenvollen Gedanken über das Wetter geredet haben. Etwa, als im vergangenen Jahr ein verheerender Hagel viele Häuser, Gärten und Felder zerstört hat. Oder, als das Hochwasser hier in Unterhausen Keller und Grundstücke unter Wasser gesetzt hat. Da wurde uns wieder eindrücklich: Wir leben in einer Welt, deren Bedingungen wir nicht einfach in der Hand haben und die wir nicht einfach steuern können. Vielleicht ist es gerade deshalb sinnvoll, diesen Gottesdienst hier draußen, im Freien, zu feiern. Denn hier wird es uns ja besonders deutlich, wie sehr wir Menschen abhängig sind vom Wetter. In den letzten Tagen habe ich immer wieder auf den Wetterbericht geschaut und gesehen, dass Regen angekündigt war für heute Morgen. Ich habe mich gefragt: Können wir unseren Gottesdienst im

---

[6] Predigt beim Gottesdienst im Grünen am sechsten Sonntag nach Trinitatis (27. Juli 2014) beim Schloss Lichtenstein.

Grünen dann feiern? Wie kann der Posaunenchor dann spielen? Werden überhaupt Leute zum Gottesdienst kommen?

Und doch kommt es mir als einem doch scheinbar „aufgeklärten" Menschen merkwürdig vor, Gott für das Wetter zu bitten. Ist Gott denn ein Wettergott? Steht er hinter dem Hagel und dem Hochwasser? Verursacht er Erd- und Seebeben? Ich gebe zu, dass ich daran *nicht* glaube. Ich glaube *nicht*, dass Gott Menschen straft, indem er schlechtes Wetter, und schon gar nicht, indem er Naturkatastrophen schickt. Ich glaube *nicht*, dass es gerecht ist, dass Menschen unter Naturkatastrophen zu leiden haben, während andere die Natur gewissenlos ausbeuten. Wir mussten aber lernen, dass wir Menschen eine Verantwortung tragen für die Veränderungen unserer Natur, die uns immer mehr bedrohen. Wir wissen dabei auch, dass es meistens nicht die sind, die verantwortlich dafür sind, die dann von den Folgen der Veränderungen getroffen werden, sondern gerade die armen Nationen, die sich nicht schützen können und in Gegenden leben, in denen es ohnehin klimatisch schwierig ist. Wie können wir da mit unserer Bitte um eine gute Ernte und um gutes Wetter zu Gott kommen? In der Bibel wird immer wieder von Gottes Handeln in der Natur geredet: „Er spannt den Himmel droben gleich einem Teppich aus. Er fährt auf Wolkenwagen, und Flammen sind sein Kleid. Windfittiche ihn tragen, zu Diensten ihm bereit", so haben wir gerade eine Vertonung des 104. Psalms miteinander gesungen und diesen Psalm dann miteinander gesprochen. Die Menschen, die hier reden, wissen, dass sie von der Natur leben. Sie wissen, dass die Natur gleichzeitig wunderschön und bedrohlich sein kann. Sie wissen und fürchten, dass das Chaos, das Gott mit der Schöpfung gebannt hat, jederzeit wieder über den Menschen hereinbrechen kann. Denn das meint es ja, wenn von Gott als Schöpfer geredet wird: Es ist der Glaube daran, dass Gott Ordnung schafft, so dass nicht mehr das Chaos herrscht, sondern Räume entstehen, in denen Menschen leben können. Es ist ein zutiefst realistischer Glaube, der darum weiß, dass es Glaube nur in dieser Welt gibt, dass wir nur dann wirklich glauben können, wenn wir das, was wir glauben, verbinden mit dem, was wir in unserem Leben erfahren, mit den Bedingungen, unter denen wir leben. Gerade weil die biblischen Menschen realistische Menschen sind, darum wenden sie sich auch so, auch indem sie von Natur- und Wetterphänomenen sprechen, zu Gott. Auch Jesus spricht in diesem biblischen Sinne von Gott. Ein Wort aus der Bergpredigt soll uns heute zu denken geben. Es heißt: ***Gott lässt seine Sonne aufgehen über Böse und Gute und lässt regnen über Gerechte und Ungerechte. (Mt 5,45)***

Dieser Satz, der so allgemein daherkommt, steht doch in einem bemerkenswerten Zusammenhang. Er steht innerhalb der Rede, die Jesus an seine unmittelbaren Jüngerinnen und Jünger hält, denen er verständlich macht, was ihre Aufgabe, ihre Berufung und ihre Verheißung in dieser Welt ist. Ich lese ihn darum noch einmal, nun aber im Zusammenhang mit dem Abschnitt, in dem er steht. Jesus sagt zu seiner christlichen Gemeinde:

Ihr habt gehört, dass gesagt ist (3. Mose 19,18): „Du sollst deinen Nächsten lieben" und deinen Feind hassen. Ich aber sage euch: Liebt eure Feinde und bittet für die, die euch verfolgen, damit ihr Kinder seid eures Vaters im Himmel. Denn er lässt seine Sonne aufgehen über Böse und Gute und lässt regnen über Gerechte *und Ungerechte. Denn wenn ihr liebt, die euch lieben, was werdet ihr für Lohn haben? Tun nicht dasselbe auch die Zöllner? Und wenn ihr nur zu euren Brüdern freundlich seid, was tut ihr Besonderes? Tun nicht dasselbe auch die Heiden? Darum sollt ihr vollkommen sein, wie euer Vater im Himmel vollkommen ist. (Mt 5,43–48)*

Bemerkenswert ist dieser Zusammenhang, weil Jesus von dem Gott, der die Sonne aufgehen und der es regnen lässt, gerade da redet, wo er die christliche Gemeinde daran erinnert, wozu es sie in dieser Welt braucht. Gerade an der Stelle, an der Jesus die christliche Gemeinde heraushebt aus der Welt, zwingt er sie in die unbedingte Solidarität mit allen Menschen dieser Welt, egal welcher Herkunft, welcher religiösen Überzeugung, ob sie an Gott glauben oder nicht. Sie alle, das will Jesus sagen – ob sie es wissen oder nicht – leben aus Gottes Hand. Sie alle sind seine Geschöpfe, und das heißt: Sie alle leben nicht aus sich selbst heraus. Sie leben alle von Voraussetzungen her, die sie nicht selbst geschaffen haben. Und gleichzeitig heißt das: Gott sorgt auch für die, die nicht an ihn glauben. Er schenkt auch ihnen das Leben. Und darum sagt Jesus seiner Gemeinde: Auch diese Menschen sind vor Gott wertvoll und eurer Liebe wert. Sie sind Menschen, zu denen Gott kommen will, von denen er will, dass sie leben. Darin besteht die Gemeinschaft mit ihnen und darin gründet diese unbedingte Solidarität. Die Solidarität von uns Menschen, die uns deutlich wird darin, dass wir alle Lebensräume brauchen, die uns nicht bedrohen, sondern uns Leben eröffnen. Diese Solidarität ist es, die die Gemeinde Jesu mitten hinein weist in die Welt. Christlicher Glaube gehört nicht an die Ränder, nicht in fromme Zirkel, die sich zurückziehen, sondern ins Zentrum der Gesellschaft. Nun aber nicht so, dass die christliche Gemeinde sich selbst zum Staat machen würde, sondern so, dass sie ihre *eigene* Aufgabe in der Welt wahrnimmt. Heute, wo wir Erntebittgottesdienst feiern, wird sichtbar: Diese Aufgabe besteht nicht zuletzt darin, Gott für diese Welt zu *bitten*, für diese Welt zu *beten*. Denn wer bittet und betet, der öffnet sein Leben für Gott. Der macht Ernst damit, dass er sein Leben nicht selbst in der Hand hält, sondern von Gott her empfängt. Der müsste dann auch einsehen können, dass wir mit unserer Umwelt verantwortlich umzugehen haben als mit einem Geschenk und nicht als mit einer Verfügungsmasse, die wir rücksichtlos ausbeuten können. Dass die Herrschaft über die Natur nur eine sein kann, die im *Respekt vor* und in der *Verantwortung für* die Umwelt geschieht. Für diese Welt zu beten, dass könnte dann auch meinen: dafür zu beten, dass wir alle dies endlich einsehen möchten! Wenn wir heute für eine gute Ernte beten, dann tun wir dies als solche, die mitten in dieser Welt glauben, denen die Welt, in der wir leben, am Herzen liegt. Als solche, die glauben, dass Gott diese Welt bedingungslos liebt. Wenn wir heute zu Gott beten, dann geben wir damit ein kleines Zeichen dafür, dass Gott unsere Antwort auf seine Liebe möchte, dass seine Liebe zum Ziel kommt, wenn wir anfangen Gottes Welt im Licht seiner Liebe zu sehen. Wenn die Gemeinde Jesu Christi mitten in unserer Welt damit anfängt, dann könnte sie zum Zeichen werden für andere Menschen werden, sie könnte dann „sein wie die Sonne, die aufgeht in ihrer Pracht". Ein Zeichen für die Sonne, die aufgeht, nicht um zu verbrennen, sondern um Räume zu schenken, in denen wir Menschen leben können.

3. Was bleibt (1Kor 3,9–15)[7]

I. Die Frage nach der Wahrheit

„Das muss jeder für sich selbst entscheiden." – Diesen Satz bekomme ich oft zu hören. Etwa dann, wenn ich mit meinen Schülern im Religionsunterricht über Glaubensfragen spreche. Dieser Satz bringt eine Auffassung zum Ausdruck, die charakteristisch ist für unsere Zeit. Wir haben gelernt, dass das Aufzwingen von Wahrheitsansprüchen zu Unterdrückung und Gewalt führen kann. Wenn wir heute nach Syrien und in den Irak blicken, wo Terroristen mit Gewalt einen islamischen Staat erzwingen wollen, dann wird uns diese Gefahr wieder eindrücklich vor Augen gestellt. „Das muss jeder für sich selbst entscheiden." – Dieser Satz bringt eine Zurückhaltung zum Ausdruck. Zurückhaltung vor dem Anspruch auf eine einzige, alle Menschen gleichermaßen betreffende und umfassende Wahrheit. Diese Zurückhaltung ist ein Kennzeichen unserer Zeit.

Der Apostel Paulus passt nicht in unsere Zeit. Denn er stellt die Frage nach der Wahrheit. Und er meint, dass es auf diese Frage nur *eine* Antwort gibt. Ich meine aber, dass er die Frage so stellt und in einer Weise beantwortet, die auch uns die Wahrheitsfrage in einem heilsamen Sinn erschließt. Er diskutiert die Frage nicht abstrakt, sondern stellt sie ganz konkret in die Situation seiner Gemeinde in Korinth. Er streitet sich über die Frage nach der Wahrheit mit seinen Korinthern, weil sie ihm am Herzen liegen. Sie liegen ihm am Herzen, seitdem er diese Gemeinde auf einer seinen Missionsreisen, die

---

[7] Predigt am 12. Sonntag nach Trinitatis (7. September 2014) in der Erlöserkirche Unterhausen.

Paulus nach Europa geführt haben, gegründet hat. Immer wieder erhält Paulus Nachrichten aus Korinth und immer wieder antwortet Paulus darauf. So erhalten wir durch seine Briefe an die Korinther einen Einblick in das Ringen des Paulus um die Wahrheit.

Dabei gibt es zwischen der gesellschaftlichen Situation der Korinther und uns durchaus Parallelen. Korinth ist eine Hafenstadt. Tagtäglich laufen Schiffe im Hafen von Korinth ein. Sie bringen Waren aus aller Welt nach Korinth. Und Menschen mit ganz unterschiedlichen Hintergründen. Aus unterschiedlichen Ländern und Kulturen, geprägt durch unterschiedliche Religionen. Und so gibt es in Korinth durchaus so etwas wie eine multikulturelle und multireligiöse Gesellschaft. Für die Christen, an die Paulus schreibt, stellt sich die Frage, wie sie ihren Glauben in einer solchen Gesellschaft, in der es ganz unterschiedliche Wahrheitsansprüche gibt, leben können. Sie brauchen Sicherheit für ihr Leben. Und sie tun etwas, das wir aus unserer Zeit ebenfalls kennen: Sie hängen sich an bestimmte Personen, von denen sie diese Sicherheit erwarten. Sie sammeln sich um einzelne Missionare, um Apollos, um Petrus oder auch um Paulus. Und so sind in der Gemeinde verschiedene Gruppen entstanden, die in Streit miteinander geraten. In diesen Streit hinein stellt Paulus die Frage nach der Wahrheit. Er stellt sie, ohne das Wort „Wahrheit“ zu verwenden. Aber er stellt sie in den Raum, indem er seiner Gemeinde vor Augen hält, welche Aufgabe diese bestimmten Personen für sie haben und was das für seine Gemeinde bedeutet. Paulus schreibt:

(9) Denn wir sind Gottes Mitarbeiter; ihr seid Gottes Ackerfeld und Gottes Bau. (10) Ich nach Gottes Gnade, die mir gegeben ist, habe den Grund gelegt als ein weiser Baumeister; ein anderer baut darauf. Ein jeder aber sehe zu, wie er darauf baut. (11) Einen andern Grund kann niemand legen als den, der gelegt ist, welcher ist Jesus Christus. (12) Wenn aber jemand auf den Grund baut Gold, Silber, Edelsteine, Holz, Heu, Stroh, (13) so wird das Werk eines jeden offenbar werden. Der Tag des Gerichts wird's klarmachen; denn mit Feuer wird er sich offenbaren. Und von welcher Art eines jeden Werk ist, wird das Feuer erweisen. (14) Wird jemandes Werk bleiben, das er darauf gebaut hat, so wird er Lohn empfangen. (15) Wird aber jemandes Werk verbrennen, so wird er Schaden leiden; er selbst aber wird gerettet werden, doch so wie durchs Feuer hindurch.

II. Das göttliche Gericht

Paulus erinnert seine Gemeinde an die Wahrheit, indem er sie an das *Gericht* erinnert. In einem starken Bild, das von Feuer, von Verbrennen und von Rettung redet, spricht Paulus von einer Stunde der Wahrheit. Er hält seiner Gemeinde und uns diese Stunde der Wahrheit vor Augen, damit wir begreifen, worauf es in unserem Leben ankommt.

Freilich ist uns wohl auch diese Vorstellung, die Vorstellung des Gerichts, fremd geworden. Denn diese Vorstellung hält ja gerade jenen Gedanken fest, von dem wir uns heute weitgehend verabschiedet haben: den Gedanken, dass es am Ende eine den einzelnen Menschen und die subjektiven Ansichten übersteigende und umfassende Wahrheit gibt. Und dass die Frage nach dieser Wahrheit heute schon sinnvoll ist. Ja, dass wir gar nicht anders können, als diese Frage auf irgendeine, vielleicht uns selbst sogar ganz verborgene Weise zu stellen.

Paulus vergleicht das Leben eines Menschen mit einem Bau. Verschiedene Materialien lassen sich für den Bau verwenden. Paulus nennt einige solcher Materialien: Gold, Silber, Edelsteine, Holz, Heu und Stroh – nicht unbedingt übliche Materialien zum Hausbau. Es kommt Paulus mit seinem Bild auf etwas Anderes an als auf eine genaue Beschreibung des Hausbaus: Er macht uns deutlich, dass es keineswegs egal ist, was wir in unserem Leben tun. Es gibt Dinge, die unserem Leben Bestand geben. Und es gibt Dinge, die beim ersten Windstoß und erst recht, wenn ein Feuer ausbricht, zusammenbrechen. Womit verbringe ich meine Zeit? Wofür setze ich mich in meinem Leben ein? Was ist mir wichtig in meinem Leben und was nicht? Oft sind es Krisenzeiten, in denen wir merken, dass es diese Fragen in unserem Leben gibt. Wenn eine Krankheit in unser Leben einbricht und es in Frage stellt. Wenn eine Beziehung in die Brüche geht und wir neu anfangen müssen. Manchmal begegnen uns diese Fragen aber auch dann, wenn etwas Schönes geschieht: Wenn ein Kind auf die Welt kommt, für das wir Verantwortung übernehmen. Dann merken wir auf einmal: Ich entscheide eben nicht nur für mich selbst. Ich entscheide immer auch für andere mit. Weil wir Menschen eben nicht allein sind, sondern in einer Gemeinschaft von Menschen leben. Darum brauchen wir – trotz allem – die Frage nach der Wahrheit. Und diese Frage können wir nicht delegieren. Wir können sie nicht durch andere Menschen beantworten lassen, an die wir uns hängen und denen wir als Vorbilder nacheifern. Wir können auch nicht einfach unbeteiligt bleiben. Es kann uns nicht egal sein, was die Wahrheit ist, die unser Leben trägt. Wir müssen uns *selbst* zu dieser Frage verhalten.

Paulus spricht von der Wahrheit unseres Lebens, indem er von dem *Grund* spricht, von dem *Fundament*, auf dem der Bau unseres Lebens steht. Es gibt einen Unterschied zwischen dem Fundament des Baus und dem, was auf dieses Fundament gebaut wird. Und diese Unterscheidung ist wichtig. Sie bewahrt uns davor, dass wir selbst über den Wert unseres Lebens entscheiden. *„Einen andern Grund kann niemand legen als den, der gelegt ist: Jesus Christus."* Die Frage nach der Wahrheit, wie Paulus sie stellt, ist die Frage nach dem Grund. Die Frage danach, was stehen bleibt, wenn alles andere fällt. Die Frage, was unser Leben trägt.

Wir sind diese Frage nicht losgeworden. Sie gehört offensichtlich zu unserem Leben. Ist es ein Zufall, dass in unserer Zeit, in der die virtuelle Welt des Internets neben die reale Welt getreten ist, das Bedürfnis nach „Echtheit" so an Bedeutung gewonnen hat? „Für diesen einen Augenblick sind alle meine Zweifel weg / Weil es echt ist", heißt es in einem Lied der Band „Glasperlenspiel". Ein Mensch, der „echt", der „authentisch" ist, überzeugt viele, einfach durch seine „Echtheit". Wir sehnen uns nach „wahrer Liebe" und echter Freundschaft. Wir suchen nach dem Wahren hinter der virtuellen Welt. Weil wir doch irgendwie spüren, dass wir von dieser Welt eben nicht leben können. Und ist es ein Zufall, dass in unserer Zeit, in der sich alles ständig verändert, die Sehnsucht nach dem, was bleibt, wach wird? Auch dafür ist mir eine Liedzeile aufgefallen, von der Band „Silbermond", wo es heißt: „Gib mir'n kleines bisschen Sicherheit / In einer Welt, in der nichts sicher scheint. / Gib mir in dieser schnellen Zeit irgendwas, das bleibt." Eben diese Fragen aber, die Frage nach dem, was nicht Schein, sondern „echt" ist, die Frage nach dem, was sich nicht verändert und nicht schwindet, sondern bleibt, war für die klassische griechische Philosophie, die auch die Korinther kannten, die Frage nach der Wahrheit. Es ist die Frage, worauf unsere Welt und unser Leben gründen. Auf diese Frage gibt uns Paulus eine Antwort.

III. Was bleibt

Freilich beantwortet Paulus die Frage nach der Wahrheit ganz anders als die griechischen Philosophen. Denn für ihn ist die Wahrheit keine abstrakte Größe, nichts, was irgendwie „hinter" der Welt steht. Für ihn ist die Wahrheit auch nichts, das ein einzelner Mensch besitzen, das er „für sich gepachtet haben" und über das er verfügen kann. Für Paulus ist die Wahrheit, der Grund, auf dem unser aller Leben steht, eine lebendige Person: Jesus Christus.

In der Geschichte der Kirche hat man leider auch diese Wahrheit immer wieder als eine Art Besitz behandelt und durch äußeren Zwang aufzudrücken versucht. Sicherlich hat die Skepsis gegenüber der Frage nach der Wahrheit auch darin ihren Grund. Paulus redet von der Wahrheit aber gerade nicht als von einem Besitz. Er redet von ihr als von einem *Gegenüber*. Die Wahrheit kann man nicht „haben", man kann sie nur *entdecken*. Sie kann sich einem nur je und je *erschließen*. Auch die Christen haben die Wahrheit nicht gepachtet, sondern sind Gottes Ackerfeld, auf dem Gott als der Urheber der Wahrheit etwas wachsen lassen kann. Etwas, das echt ist und bleibt. Paulus ruft seinen Korinthern und damit auch uns zu: Haltet nach dieser Wahrheit Ausschau! Haltet Ausschau nach dem, was euer Leben trägt!

Die Gemeindeleiter, von denen Paulus redet, tun ihren Dienst nur dann gut, wenn sie die Menschen, die zu ihnen kommen, nicht an sich selbst binden, sondern auf den

Grund hinweisen, den niemand anders legen kann als Gott selbst. Und deshalb ist es wahr, dass sich diese Wahrheit einem jeden von uns *selbst* erschließen muss. Die Gewissheit, dass es diesen Grund gibt, der mein Leben trägt, muss mein *eigenes* Herz ergreifen, damit ich glauben kann. Wir können uns aber als Gemeinde Jesu gegenseitig von dieser Wahrheit erzählen, weil wir alle die Erinnerung daran brauchen. So können wir unseren Teil dazu beitragen, dass sich dieser Grund unseres Lebens uns und anderen Menschen, auch solchen, die noch nicht glauben, als Lebenswahrheit erschließt. Erschließen kann sich diese Wahrheit nur so, dass wir uns auf den Weg machen mit dem, der diese Wahrheit in Person ist: mit Jesus. Indem wir uns darauf einlassen, was es bedeutet, dass Gottes Liebe in den Tod geht, um uns für sich zu gewinnen. Indem wir auf Jesu Worte hören, die von der Liebe zum Nächsten und von der Vergebung reden. Indem wir uns den Blick öffnen lassen von ihm für Gottes Reich, in dem Krieg und Gewalt keinen Platz mehr haben und heute schon danach fragen, wie dieses Reich im Kleinen unter uns Wirklichkeit werden kann. Auf diesem Fundament kann das menschliche Leben ins rechte Lot kommen: Unser Leben hat einen Grund, über den wir *nicht* selbst entscheiden können. Einen Grund, der bleibt, wenn alles andere fällt. Ein Grund, auf dem es möglich wird, dass wir uns der Frage, was in unserem Leben trägt und was keinen Bestand hat, sondern Leben verhindert, stellen. Wir können heute schon erfahren, was bleibt. Und so etwas erfahren von dem Leben, für das Gott uns bestimmt hat.

4. Der Hoffnung die Hand hinhalten (Gen 6,5–22)[8]

I. Ein zürnender Gott?

Der Predigttext für den heutigen Sonntag stammt aus der Geschichte von der Sintflut und von Noahs Arche. Die Geschichte, die davon erzählt, wie Gott eine Flut über die Erde kommen lässt, die alles Lebendige vernichtet. Und davon, dass Gott vorher dem Noah den Auftrag gibt, eine Arche zu bauen, damit das Leben noch einmal von vorne beginnen kann. Urgeschichte ist es, was uns da erzählt wird. Eine Geschichte, die nicht einfach vergangen ist, sondern die etwas Grundsätzliches aussagt über uns Menschen und darüber, wie Gott zu uns steht. Vielleicht ist diese Geschichte, wenn wir sie genau betrachten, auch deshalb sehr viel bedrückender, als wir manchmal meinen, wenn sie als Idyll in Kinderbibeln gemalt wird. Diese Erfahrung habe ich jedenfalls gemacht, als meine Kinder mich vor einiger Zeit baten, ihnen vor dem Einschlafen noch einmal die Geschichte von der Arche Noah zu erzählen. Am Anfang geriet ich ins Stocken:

---

[8] Predigt am 15. Sonntag nach Trinitatis (28. September 2014) in der Galluskirche Honau und in der Erlöserkirche Unterhausen.

Wie von der Sintflut erzählen? Wie davon erzählen, dass es Gott selbst ist, der die Wasser über die Erde hereinbrechen lässt, so dass alles, was lebt, in der Flut untergeht und stirbt? Wie davon erzählen, was uns diese Geschichte am Anfang von Gott selbst sagt?

(5) Als aber der Herr sah, dass der Menschen Bosheit groß war auf Erden und alles Dichten und Trachten ihres Herzens nur böse war immerdar, da reute es ihn, dass er die Menschen gemacht hatte auf Erden, und es bekümmerte ihn in seinem Herzen (7) und er sprach: Ich will die Menschen, die ich geschaffen habe, vertilgen von der Erde, vom Menschen an bis hin zum Vieh und bis zum Gewürm und bis zu den Vögeln unter dem Himmel; denn es reut mich, dass ich sie gemacht habe.

Es ist nicht weniger als die Infragestellung der gesamten Schöpfung, die hier ausgesprochen wird. Denn ganz am Anfang, auf der ersten Seite der Bibel, wurde davon erzählt, dass Gott die Wasser gesammelt hatte und vom trockenen Land geschieden hatte, so dass Leben entstehen konnte (Gen 1,6–10). Und nun, nur wenige Seiten später, heißt es, dass Gott die Wasser von oben und unten hervorsprudeln lässt und eine Flut vierzig Tage lang über die Erde kommen lässt (Gen 7,17). Die Welt, wie wir sie kennen, die Grundlage unseres Lebens, steht auf dem Spiel. Das ist es, was wir hier erzählt bekommen.

Bedrückend ist diese Geschichte für mich heute auch deshalb, weil uns in den vergangenen Jahrzehnten mehr und mehr bewusst geworden ist, wie verletzlich unsere natürlichen Lebensgrundlagen sind. Wir haben etwas einsehen müssen, das diese alte Geschichte bereits weiß: Wir Menschen sind nicht unbeteiligt an dem, was mit unserer Welt geschieht, wir tragen selbst eine Verantwortung. Wir sind es oft genug selbst, die unsere Lebensgrundlagen bedrohen. Das Bedrückende dieser Geschichte ist deshalb für mich nicht so sehr, dass es *Gott* ist, der die Flut kommen lässt, sondern dass er das tut, weil er vom Menschen genug hat, ja, dass er seinen Schöpfungswillen in Frage stellt. Was auf den ersten Blick wie die überharte Reaktion eines zürnenden Gottes aussieht, das erweist sich beim zweiten Hinsehen als die in der Urgeschichte enthaltene Ahnung, dass wir Menschen selbst Anteil am Bösen haben, das unsere Erde bedroht.

Wenn diese Geschichte von Gottes Zorn spricht, dann spricht sie von seinem Zorn über das Böse. Das Böse, das es in unserer Welt gibt, weil wir Menschen immer wieder Böses *tun*. Die Urgeschichte sagt uns: Gott sagt „Nein!“ zum Bösen in der Welt. Er offenbart seinen Zorn über alles, was dem Leben, das er geschaffen hat, widerstreitet. Dieser Zorn Gottes ist deshalb nicht etwas, das unvereinbar neben seiner Liebe zum Leben steht, dieser Zorn ist die Kehrseite seiner Liebe. Gott zürnt über das Böse, weil er das Leben will. Gottes Zorn stellt uns vor die Frage: Wie kann Leben möglich werden angesichts des Bösen? Wie können wir leben, solange es das Böse in unserer Welt gibt.

Unsere Geschichte antwortet auf diese Frage, indem sie neben der Geschichte von Gottes Zorn noch von einer anderen Geschichte erzählt. Denn schon bevor uns das Hereinbrechen der Flut erzählt wird, beginnt noch eine andere Geschichte: die Geschichte Gottes mit Noah. Mitten in Gottes Zorn hinein mischt sich sein Erbarmen über die Menschheit, das mit Noah beginnt. Denn nun wird uns erzählt:

(8) Aber Noah fand Gnade vor dem HERRN. (9) Dies ist die Geschichte von Noahs Geschlecht. Noah war ein frommer Mann und ohne Tadel zu seinen Zeiten; er wandelte mit Gott. (10) Und er zeugte drei Söhne: Sem, Ham und Jafet. (11) Aber die Erde war verderbt vor Gottes Augen und voller Frevel. (12) Da sah Gott auf die Erde, und siehe, sie war verderbt; denn alles Fleisch hatte seinen Weg verderbt auf Erden. (13) Da sprach Gott zu Noah: Das Ende allen Fleisches ist bei mir beschlossen; und siehe, ich will sie verderben mit der Erde.
(14) Mache dir einen Kasten von Tannenholz und mache Kammern darin und verpiche ihn mit Pech innen und außen. (15) Und mache ihn so: Dreihundert Ellen sei die Länge, fünfzig Ellen die Breite und dreißig Ellen die Höhe. (16) Ein Fenster sollst du daran machen obenan, eine Elle groß. Die Tür sollst du mitten in seine Seite setzen. Und er soll drei Stockwerke haben, eines unten, das zweite in der Mitte, das dritte oben. (17) Denn siehe, ich will eine Sintflut kommen lassen auf Erden, zu verderben alles Fleisch, darin Odem des Lebens ist, unter dem Himmel. Alles, was auf Erde ist, soll untergehen. (18) Aber mit dir will ich meinen Bund aufrichten, und du sollst in die Arche gehen mit deinen Söhnen, mit deiner Frau und den Frauen deiner Söhne. (19) Und du sollst in die Arche bringen von allen Tieren, von allem Fleisch, je ein Paar, Männchen und Weibchen, dass sie leben bleiben mit dir.

II. Die Gnade Gotte

„Aber Noah fand Gnade vor dem HERRN“ – so fängt dieser Abschnitt an. In dieser Zuwendung Gottes zu Noah kündigt sich an, dass Gott seine Schöpfung am Ende eben doch nicht preisgibt, sondern ihr einen neuen Anfang schenkt. Gott hat den Noah in seinem Zorn nicht vergessen, und er hat auch die Tiere nicht vergessen, die Noah mitnehmen soll in die Arche. Weil das so ist, darum gibt es in dieser bedrückenden Geschichte Hoffnung.

„Noah fand Gnade vor dem HERRN“ – dieser Satz wird dann zu einem Zeichen der Hoffnung, wenn wir begreifen, dass es in dieser Geschichte um *uns* geht, um uns Menschen, die wir ein Teil dieser Schöpfung sind. Die Beter der Psalmen etwa wissen darum, dass die Wasserfluten, von denen die Schöpfungsgeschichte erzählt, auch über den Einzelnen hereinbrechen und sein Leben bedrohen können. Etwa dann, wenn wir angegriffen werden von anderen Menschen, die das, was uns wichtig ist, in Frage stellen. Wenn jemand es böse mit mir meint und mir, wo er kann, versucht, das Wasser abzugraben. Aber auch dann, wenn der Tod in mein Leben greift und mir einen geliebten Menschen wegnimmt und mir weismachen möchte, dass nicht Gott, sondern er das letzte Wort über uns Menschen hat. Und auch dann, wenn mir die Angst das Herz zusammenschnürt, wenn ich hoffnungslos werde und keine Zukunft mehr für mich sehen kann. Dann kann der Psalmbeter klagend erinnern: „Es umfingen mich des Todes Bande, und die Fluten des Verderbens erschreckten mich.“ (Psalm 18,5).

Es braucht Zeit, bis die Hoffnung zurückkehrt. Die Hoffnung, die gestorben zu sein scheint angesichts des Bösen, das in der Welt geschieht. Für viele Menschen versperrt dieses Böse den Blick für Gott. Sie resignieren und fügen sich hinein in die Gesetzmäßigkeiten der Welt, in der aufzubegehren doch keinen Sinn hat. Die Sinflutgeschichte sagt uns: Hoffnung fängt bei uns selbst an.

Unsere Geschichte erzählt davon mit einem kleinen Detail, das uns vielleicht auf den ersten Blick gar nicht auffällt, auf das es am Ende dann aber gerade ankommt. Gott gibt dem Noah dem Auftrag in die Arche ein kleines Fenster zu machen. Ein Fenster, durch das Noah am Ende der Geschichte eine Taube ausfliegen lassen wird. Ein Fenster, durch das Noah am Ende unserer Geschichte seine Hand ausstrecken wird, um zu sehen, ob sie zurückgekommen ist. Dieses Fenster in Noahs Arche ist ein Zeichen der Hoffnung, die bei uns selbst anfängt. Sie fängt damit an, dass wir unsere Hand ausstrecken nach Gott und es ihm zutrauen, dass er uns das Leben noch einmal neu schenken kann. So wie Noah die Hand ausstrecken wird nach der Taube, die er hat ausfliegen lassen (Gen 8,8). Drei Mal wird erzählt, dass Noah eine Taube ausfliegen lässt, zwei Mal kehrt sie zu ihm zurück. Beim ersten Mal findet sie keinen Platz auf der Erde, um sich niederzulassen (8,9), beim zweiten Mal trägt sie einen Olivenzweig im Schnabel. Die Hoffnung hat sich nicht erfüllt. Aber sie ist auch nicht gestorben. Noah wird die Taube noch einmal fliegen lassen. So lange, bis seine Hoffnung schließlich Grund und Nahrung findet und die Taube nicht mehr zurückkehrt. „Jubelnder und dankbarer dürfte wohl selten ein grünes Blatt begrüßt worden sein. In ihm wird der Sieg über die chaotische Macht des Todes anschaulich. Im Schnabel der Taube wird der Anfang einer neuen Schöpfung *sichtbar*. Und in der Taube selbst wird Gottes schöpferischer Geist symbolisch wahrnehmbar. Der Geist Gottes, der am Anfang der Schöpfung über den Wassern schwebte, kommt selber im Symbol einer Taube – einer Taube, die nicht müde ist und die nicht müde wird, uns zu verstehen zu geben, daß die Liebe des Schöpfers stärker ist als Chaos und Tod."[9]

III. Nicht müde werden zur Hoffnung

Wenn wir das *glauben* können, dann braucht uns diese Geschichte nicht länger nur zu bedrücken. Dann können wir aus ihr den Auftrag heraushören, das Gute, das wir zu tun in der Lage sind, zu wagen. Dafür zu kämpfen, dass das Böse in der Welt weniger wird und wir mit der uns gegebenen Welt sorgsamer umgehen. Am Ende der Sintflutgeschichte heißt es, dass Gott mit derselben Begründung, mit der er die Flut hat kommen lassen, den Menschen bleibend bewahrt (Gen 8,21). Es geht ein Bruch durch die Schöpfung und manchmal auch durch unser Leben. Aber dieser Bruch hält Gott nicht davon ab, zu uns zu kommen. Davon erzählt die andere Geschichte, die wir vorhin in der Schriftlesung gehört haben, die Geschichte von der Sturmstillung (Mk 4,35–41). Die Jünger, die in einem Boot auf dem See Genezareth unterwegs sind, haben große Angst, als die Wasserfluten auf sie einstürmen, so dass sie Jesus fragen: „Meister, fragst du nicht danach, dass wir umkommen?" (Mk 4,38) Sie können noch nicht glauben. Ihre Angst verstellt ihnen den Blick. Und so übersehen sie, dass *Jesus* mit ihnen im Boot ist. Vielleicht geht es Euch manchmal auch so. Ich jedenfalls kenne das: Dass ich vor lauter Sorgen und Angst um die Zukunft vergesse, dass Jesus doch bei uns ist. Dass er uns begleitet in dem, was uns Hoffnung gibt und eben auch in dem, was uns die Hoffnung nimmt. *Er* wird nicht müde, auch wenn ich manchmal meinen könnte, dass er schläft und mich vergessen hat. Er hat uns nicht vergessen. Darum wird uns Noah zum Zeichen dafür, unsere Hand je und je neu auszustrecken nach Gott. Daran zu glauben, dass er mir das Leben neu schenken kann, wo ich bereits aufgegeben habe. Der Geist Gottes, der in Gestalt einer Taube daherkommt, dieser Geist wird nicht müde. Er lässt es wirklich werden, dass auch wir niemals müde werden, sondern aufstehen zum Leben. Es gibt das Wunder, dass Leben zurückkehrt, wo es verloren schien. Als ich darüber nachdachte, musste ich an ein Wort Hilde Domins denken, das heißt:

Nicht müde werden
sondern dem Wunder
leise
wie einem Vogel
die Hand hinhalten[10]

---

[9] *Eberhard Jüngel*, Unterbrechungen. Predigten IV, Stuttgart 2003, 13.
[10] *Hilde Domin*, Gesammelte Gedichte, Frankfurt am Main 1987, 294.

Wenn die Wogen das nächste Mal über euch hereinbrechen, dann denkt daran, dass Jesus mit euch im Boot sitzt. Wenn die Wogen das nächste Mal über euch hereinbrechen, dann denkt daran, dass Gott diese Welt nicht preisgibt, auch wenn es vieles gibt, was uns das glauben lassen könnte. Wenn die Wogen das nächste Mal über Euch hereinbrechen, dann denkt daran, dass Gott diese Welt trotz all ihrer Unvollkommenheit liebt. Dann denkt daran, dass ihr der Hoffnung trauen könnt und eure Hand wieder und wieder ausstrecken könnt, bis sie wie eine Taube zurückkehrt.

5. Das zerbrochene Gesetz (Ex 34,4–10)[11]

(4) Und Mose hieb zwei steinerne Tafeln zu, wie die ersten waren, und stand am Morgen früh auf und stieg auf den Berg Sinai, wie ihm der HERR geboten hatte, und nahm die zwei steinernen Tafeln in seine Hand. (5) Da kam der HERR hernieder in einer Wolke und Mose trat daselbst zu ihm und rief den Namen des HERRN an. (6) Und der HERR ging vor seinem Angesicht vorüber und er rief aus: HERR, HERR, Gott, barmherzig und gnädig und geduldig und von großer Gnade und Treue, (7) der da Tausenden Gnade bewahrt und vergisst Missetat, Übertretung und Sünde, aber ungestraft lässt er niemand, sondern sucht die Missetat der Väter heim an Kindern und Kindeskindern bis ins dritte und vierte Glied! (8) Und Mose neigte sich eilends zur Erde und betete an (9) und sprach: Hab ich, HERR, Gnade vor deinen Augen gefunden, so gehe der Herr in unserer Mitte, denn es ist ein halsstarriges Volk; und vergib uns unsere Missetat und Sünde und lass uns dein Erbbesitz sein.

(10) Und der HERR sprach: Siehe, ich will einen Bund schließen: Vor deinem ganzen Volk will ich Wunder tun, wie sie nicht geschehen sind in allen Landen und unter allen Völkern, und das ganze Volk, in dessen Mitte du bist, soll des Herrn Werke sehen; denn wunderbar wird sein, was ich an dir tun werde.

I. Das Wunder der Begegnung

Es ist ein ganz besonderer Moment, der uns hier erzählt wird. Ein Moment der *Begegnung* zwischen Mensch und Gott. Eine Begegnung zwischen Mose, der zum zweiten Mal auf den Berg Sinai hinaufsteigt, und Gott, der sich ihm zeigt. Verhüllt zwar, in einer Wolke, und an Mose vorbeiziehend, aber doch so, dass Mose diese Begegnung erfährt. So, dass man von dieser Begegnung erzählen kann, sich ihr annähern kann als einem großen Geheimnis, von dem der Glaube lebt.

„Alles wirkliche Leben ist Begegnung“, hat Martin Buber einmal geschrieben, der jüdische Religionsphilosoph. Und ich denke, wir kennen das, was damit gemeint ist, aus

[11] Predigt am 19. Sonntag nach Trinitatis (26. Oktober 2014) in der Galluskirche Honau und in der Erlöserkirche Unterhausen.

unserem eigenen Leben. Da ist vielleicht ein Mensch, den ich bislang noch gar nicht beachtet habe, oder einer, der mich nicht interessiert hat, und der mir auf einmal ganz anders begegnet und mir eine Seite an sich zeigt, die ich noch gar nicht gekannt habe. Manchmal begegnet uns sogar ein Mensch, den wir schon sehr lange kennen, ganz neu. Da passiert das, was Buber als das Wunder der Begegnung beschreibt, in dem das Leben liegt, nicht unsere Vorstellungen vom Leben, sondern das Leben, wie es wirklich ist. Vielleicht fällt einem dieses Wunder der Begegnung besonders deutlich auf, wenn man an einen neuen Ort kommt, an dem man lauter neue Menschen kennenlernt und nach und nach, bei jeder weiteren Begegnung, etwas Neues über den anderen erfährt. So lange, bis man sich so etwas wie ein Bild von einem Menschen gemacht hat und nun sagen kann: „Den kenne ich. Der ist so und so.“ Das ist der Moment, in dem die Begegnung schwindet und zum Bild wird. Und manchmal ist es dann so, dass der andere Mensch in diesem Bild gefangen ist und keine Chance mehr hat, aus dem herauszukommen, was ich jetzt von ihm denke. Eine neue Begegnung ist dann kaum noch möglich. Auch das kennen wir.

Der Schriftsteller Max Frisch hat deshalb das Gebot, sich kein Bildnis von Gott zu machen, auch auf das Verhältnis zwischen Menschen bezogen. Frisch spricht von der Liebe zwischen zwei Menschen, die sich gerade kein Bild vom anderen macht, sondern offen bleibt für die Begegnung. So schreibt er: „Es ist bemerkenswert, daß wir gerade von dem Menschen, den wir lieben, am mindesten aussagen können, wie er sei. Wir lieben ihn einfach. Eben darin besteht ja die Liebe, das Wunderbare an der Liebe, daß sie uns in der Schwebe des Lebendigen hält, in der Bereitschaft, einem Menschen zu folgen in allen seinen möglichen Entfaltungen. … Die Liebe befreit es aus jeglichem Bildnis.“[12]

Vielleicht hat unsere Geschichte von der Begegnung des Mose mit Gott auch damit etwas zu tun. Mir ist dieser Gedanke erst in der letzten Woche gekommen, als ich in der Vorbereitung auf die Predigt über diese mir doch eigentlich bekannte Erzählung nachgedacht habe, und sie mir noch einmal ganz neu – begegnet – ist. Denn diese Geschichte erzählt ja nicht nur vom Wunder der Begegnung, sie redet auch von einer gescheiterten Beziehung und davon, dass es das Wunder eines neuen Anfangs, das Wunder einer *neuen* Begegnung mit Gott gibt.

Schon einmal war Mose auf den Berg Sinai gestiegen. Und schon einmal hatte er die steinernen Tafeln mit den zehn Geboten empfangen (Ex 31,18). Das Gesetz Gottes, in

---

[12] *Max Frisch*, Tagebuch 1946–1949, Frankfurt am Main 1950, 33. Die im Zitat ausgelassenen Worte lauten: „Wir wissen, daß jeder Mensch, wenn man ihn liebt, sich wie verwandelt fühlt, wie entfaltet, und daß auch dem Liebenden sich alles entfaltet, das Nächste, das lange Bekannte. Vieles sieht er wie zum ersten Male.“

dem Gott seinen Willen für den Menschen offenbart hatte. In diesem Gesetz begegnete Gott nicht als ein abstraktes Wesen, als eine vom Menschen erfundene Größe, die man vielleicht braucht, um sich die Welt besser zu erklären, sondern als ein lebendiges „Ich“: *„Ich bin Jahwe, dein Gott, der ich dich aus dem Land Ägypten, aus der Knechtschaft, geführt habe“*, so beginnen die zehn Gebote (Ex 20,2). Für die Bibel ist Gott ein „Ich“, das sich für uns zu einem „Du“ macht: zu einem Wesen, mit dem man reden, das man anreden kann. Dies wird sichtbar darin, dass dieser Gott einen *Namen* hat. Der biblische Gottesglaube kommt von einer Begegnung her. Von einer Begegnung, in der die Menschen Gott als den Grund ihrer eigenen Freiheit erfahren, als die Macht, von der sie ihr Leben empfangen. Die Bibel weiß aber, dass diese Begegnung von allem Anfang an auf dem Spiel steht, und mit ihr eben das, was diese Begegnung bedeutet: unsere Freiheit und unser Leben. Darum geht es in der dramatischen Geschichte zwischen Mose, dem Volk und Gott.

II. Das zerbrochene Gesetz

Die Beziehung zwischen Gott und den Menschen scheitert, weil das Volk ungeduldig wird, als Mose beim ersten Mal so lange auf dem Berg Sinai bleibt, um die Gesetzestafeln von Gott zu empfangen. Die Menschen können es nicht mehr ertragen, so lange auf Mose und auf die Begegnung mit Gott zu warten. Und darum bauen sie sich ein Götterbild, ein goldenes Kalb, als ein sichtbares Bildnis von einem Gott, „der vor uns hergehe“ (Ex 32,1).

Kennen wir das nicht auch? Diese Ungeduld, wenn wir auf jemanden warten? Vor allem dann, wenn wir uns auf diese Begegnung freuen. Vor allem dann, wenn diese Begegnung für uns wichtig ist. Dann sind wir leicht ungeduldig und verletzbar: Wir können enttäuscht werden. Die Israeliten am Sinai sind nicht einfach töricht. Sie sind Menschen wie wir. Menschen, die warten und sich nach Gottes Gegenwart sehnen. Und darüber die Geduld verlieren. Und in ihrer Ungeduld machen sie dann genau das, was wir vorhin von der Beziehung zwischen Menschen gesagt haben: Sie machen sich ein Bild von Gott, das sie an die Stelle des wahren Gottes setzen. Und so wird die Begegnung mit Gottes Willen, mit ihm selbst, unmöglich. Mose zerbricht die Tafeln des Gesetzes. Noch bevor er dem Volk den Bund Gottes mit ihm verkündigt hat, hat das Volk diesen Bund schon gebrochen. Die Bibel weiß davon, von Anfang an, dass wir Menschen uns immer wieder von Gott abwenden und unser Leben in Dingen suchen, die nicht Gott sind und die uns deshalb auch kein Leben schenken können und uns unfrei machen.

Aber sie erzählt nun auch von dem Wunder, dass Gott eine *neue* Begegnung schenkt. Dass er den Mose *noch einmal* auf den Berg Sinai ruft und ihn dort *zum zweiten Mal* die Gesetzestafeln anfertigen lässt. Sie erzählt davon, dass Gott weiß, dass wir die *Begegnung* mit ihm brauchen, damit wir glauben können. Und so verspricht er seinem Volk, sich ihm zu zeigen, so, dass dieses Volk ihm *begegnen* kann: „Vor deinem ganzen Volk will ich Wunder tun, wie sie nicht geschehen sind in allen Landen und unter allen Völkern, und das ganze Volk, in dessen Mitte du bist, soll des HERRN Werk sehen; denn wunderbar wird sein, was ich an dir tun werde." (Ex 34,10)

Was für eine Verheißung! Und was für eine Sehnsucht! Dass wir Gott begegnen könnten. Und dass wir in dieser Begegnung erfahren würden, was unsere Freiheit und unser Leben ist. Was für eine Verheißung! Dass Gott Brücken neu aufrichtet, die zerbrochen sind. Dass er einen neuen Anfang sucht mit dir und mit mir und dass er diesen Anfang auch findet und unter uns schafft! Es braucht *Geduld* für diese Begegnung. Aber diese Geduld lohnt sich. Wenn wir Gottes Verheißung trauen.

III. Der Wille Gottes für uns

In dem Willen Gottes für uns, wie er ihn im Gesetz offenbart, geht es ja eigentlich um nichts anderes als um unsere Freiheit. Es geht darum, dass Gott unser Leben will und uns deshalb gebietet, uns auszustrecken nach dem Leben und hinter uns zu lassen, was uns zerstört und die Freiheit nimmt. Und doch scheint gerade das Gesetz selbst eine Art Bild von Gott zu sein, der Versuch, seinen Willen festzuschreiben, der doch eigentlich nur in der Begegnung mit ihm erfahren werden könnte! Es werden Gebote aufgestellt und Satzungen, die genauestens einzuhalten sind, damit Gottes Wille unter uns getan wird. Aber wir merken doch, dass diese Gebote und Regeln auf einmal wichtiger werden können als Gott selbst, dass sie die Begegnung mit ihm geradezu verstellen. Wir brauchen dazu nicht erst in die Gesetzesregelungen zu blicken, die das zweite Buch Mose zusammenstellt. Wir können es oft auch bei uns selbst erkennen: Wie oft machen wir uns selbst Gesetze, die uns so wichtig sind, dass darüber die Begegnung mit den konkreten Menschen und die Frage, was ihnen jetzt in der konkreten Situation guttut, verhindert wird! Das ist gerade oft unter Menschen so, die mit Ernst als Christen leben wollen. Wir können das aber auch an den Regeln und Ordnungen, die in unserer Kirche gelten, erkennen, die uns oft genug nicht befreien, sondern uns Ketten anlegen, so dass wir uns kaum noch bewegen können. Und so verstehe ich das Bild des zerbrochenen Gesetzes noch einmal ganz neu. Ist es nicht vielleicht auch so: Mose zerbricht das Gesetz, damit *wir* nicht daran zerbrechen! Freilich nur andeutungsweise und vorläufig, denn er richtet das Gesetz ja sofort wieder auf. Aber doch so, dass wir hören können: Gottes Wille erreicht uns erst dann, wenn er selbst uns begegnet und unser Herz gewinnt. Es gibt diese Momente der Begegnung, in denen ich Gottes Wort ganz neu als ein Wort an mich höre und darin die Freiheit erfahre, die diese Begegnung bedeutet.

Dann beginne ich neu zu leben, mich neu auszustrecken nach Gott, damit er mir zeigen kann, welchen Weg er für mich und für dich, für uns alle gemeinsam hat. Lasst uns nach dieser Begegnung suchen, gemeinsam suchen, in der Gewissheit, dass Gott sie uns schenkt.

Er hat sie ja schon geschenkt. Er hat ja schon wahr gemacht, was er in unserem Predigttext verheißt: Dass er zu uns kommen und Wunder unter uns tun wird. Er hat diese Begegnung geschenkt, als er in Jesus Christus ein Mensch wurde und mitten unter uns, in unsere Geschichte kam. Da hat Gott das Gesetz, an dem wir zerbrechen müssten, zerbrochen, damit wir leben können! Da hat er uns die Begegnung geschenkt, in der uns Gott selbst, der Grund unseres Lebens, das stärker ist als der Tod, begegnet: In *ihm*, in Jesus ist Gott ganz da und wird für uns zum „Du", das uns anredet und uns mitnimmt auf den Weg.

Denn was tut Jesus in den Geschichten, die wir von ihm hören? Er *begegnet* den Menschen. Er geht auf sie zu. Er sieht, was sie brauchen. Und sie begegnen in Jesus dem heiligen Gott selbst. Und darum macht sie die Begegnung mit Jesus heil. Jesus stellt die Begegnung über das festgeschriebene Gesetz. Der Wille Gottes für den Einzelnen ist ihm wichtiger als das Einhalten bestimmter allgemeiner Gebote. Gott liebt uns so sehr, dass sich sein Sohn vom Gesetz zerbrechen und für uns kreuzigen lässt.

Liegt dann aber nicht auch auf den Begegnungen, die es unter uns Menschen gibt, eine große Verheißung? Die Verheißung, dass uns im Gegenüber etwas von dem begegnet, was Gott für diese Welt will. Wenn wir spüren, was dieser konkrete Mensch in diesem Moment von mir braucht, damit er für einen kurzen Moment etwas von Gottes Liebe spürt, die ihm Leben und Freiheit schenkt. Dann kommt Gottes Wille zum Ziel, wenn es auf einmal ein- und dasselbe ist: Gottes Willen zu tun und den Nächsten zu lieben, so wie wir es in der Schriftlesung gehört haben (Gal 5,14). Dann wird Martin Bubers Satz in einem tiefen Sinn wahr: „Alles wirkliche Leben ist Begegnung." Jeder Moment, in dem wir uns füreinander öffnen, kann der Moment sein, in dem Gott zu uns kommt und uns das Herz öffnet für sich selbst.

6. Umkehr zum Leben (2Kor 5,1–10)[13]

(1) Denn wir wissen: Wenn unser irdisches Haus, diese Hütte, abgebrochen wird, so haben wir einen Bau, von Gott erbaut, ein Haus, nicht mit Händen gemacht, das ewig ist im Himmel. (2) Denn darum seufzen wir auch und sehnen uns danach, dass wir mit unserer Behausung, die vom Himmel ist, überkleidet werden, (3) weil wir

[13] Predigt am Volkstrauertag (16. November 2014), Galluskirche Honau und Erlöserkirche Unterhausen.

dann bekleidet und nicht nackt befunden werden. (4) Denn solange wir in dieser Hütte sind, seufzen wir und sind beschwert, weil wir lieber nicht entkleidet, sondern überkleidet werden wollen, damit das Sterbliche verschlungen werde von dem Leben. (5) Der uns aber dazu bereitet hat, das ist Gott, der uns als Unterpfand den Geist gegeben hat. (6) So sind wir denn allezeit getrost und wissen: Solange wir im Leibe wohnen, weilen wir fern von dem Herrn; (7) Denn wir wandeln im Glauben und nicht im Schauen. (8) Wir sind aber getrost und haben vielmehr Lust, den Leib zu verlassen und daheim zu sein bei dem Herrn. (9) Darum setzen wir auch unsere Ehre darein, ob wir daheim sind oder in der Fremde, dass wir ihm wohlgefallen. (10) Denn wir müssen alle offenbar werden vor dem Richterstuhl Christi, damit jeder seinen Lohn empfange für das, was er getan hat bei Lebzeiten, es sei gut oder böse.

I. „Bleibt der Erde treu!“

„Bleibt der Erde treu!“ Vielleicht möchten wir das Paulus zurufen, wenn wir den heutigen Predigttext lesen. Vom „Abbrechen des irdischen Hauses“ ist da die Rede, von einem Haus, das im Himmel ist und mit dem wir „überkleidet werden“ sollen. Von der „Lust, den Leib zu verlassen und daheim zu sein bei dem Herrn“. Stöhnen und Ächzen unter der Last des Lebens, Sehnsucht nach einem besseren Leben im Himmel bei Christus. Klingt das nicht sehr nach „Jenseitsvertröstung“? Nach einer Botschaft, die den Blick von dieser Welt abwendet, hin auf eine Welt „im Himmel“, in der alles gut ist? Es mag sein, dass manchen Menschen der christliche Glaube so vorkommt. Der Philosoph Friedrich Nietzsche hat den Ruf: „Bleibt der Erde treu!“ geradezu zu einem Schlüssel seiner Kritik an Glaube und Religion gemacht. Für ihn, wie für andere Religionskritiker, ist der Glaube eine Art Beruhigungsmittel, eine Droge, die den Blick auf die Wirklichkeit verstellt und Menschen dazu bringt, die Augen vor der Realität zu verschließen und an deren Stelle eine „heile Welt“ zu setzen.

Wenn das so wäre, wenn der christliche Glaube, von dem Paulus zu uns redet, „Jenseitsvertröstung“ wäre, dann würden wir heute nicht mit unserer Welt, in der wir leben, den Volkstrauertag begehen, an dem wir an die Opfer von Krieg und Gewalt denken. Wir stellen uns diesem Thema, weil wir den Blick *nicht* abwenden wollen von der Welt. Denn mit der Welt würden wir den Blick auch abwenden von den Menschen, die in dieser Welt leben, von der Tatsache, dass es bis heute Krieg und Gewalt, aber auch Leid im Leben einzelner Menschen gibt. Es stellt sich allerdings die Frage, welchen Sinn dieser Gedenktag für uns hat und was heute zu diesem Tag aus der Sicht des christlichen Glaubens gesagt werden könnte.

Wenn man die Geschichte des Volkstrauertags ansieht, dann bemerkt man, dass sich dessen Bedeutung immer wieder geändert hat. Zunächst in der Weimarer Republik sollte der Tag zur Mahnung dienen, dass ein so schrecklicher Krieg wie der Erste Weltkrieg sich nie wiederholen sollte. Es gab damals auch aus der evangelischen Kirche von konservativen Christen die Kritik, dass die Ehre der Gefallenen damit verletzt werde. Ihr Opfertod sollte doch einen Sinn haben! Es ist heute erschreckend zu sehen, wie nah diese Argumentation bei dem war, was wenig später die Nationalsozialisten aus diesem Gedenktag machten. Sie führten ihn als „Heldengedenktag" ein, an dem an den Ruhm und die Ehre der Opfer, die darin bestand, „für das Vaterland" gefallen zu sein, erinnert werden sollte. Wir sehen heute deutlich, dass *diese* Art der Erinnerung keine andere Absicht hatte, als einen neuen Krieg vorzubereiten. Sie hatte die Absicht, dem Krieg und dem Tod einen Sinn zu geben und so die Opferbereitschaft der Zeitgenossen hervorzurufen. Der Plan ging auf: Viele Menschen ließen sich in unserem Land von dieser Idee vereinnahmen. Sie starben zu Millionen auf den Schlachtfeldern, andere Menschen, vor allem Juden, wurden zu Millionen ermordet, und dieser Mord wurde ebenfalls durch einen „höheren Sinn", eine „Idee" gerechtfertigt, die uns heute nur noch als wahnsinnig vorkommen kann.

Es ist in der Tat erschreckend, dass für eine solche Sinngebung in der Geschichte immer wieder auch der christliche Glaube herangezogen werden konnte. Besonders erschreckend deutlich ist mir das geworden, als ich zum ersten Mal während meines Studiums vor dem Völkerschlachtdenkmal in Leipzig stand. Es erinnert an die Völkerschlacht in Leipzig, bei der 1813 die verbündeten Truppen Russlands, Preußens, Österreichs und Schwedens die Herrschaft Napoleons zurückschlugen. Einhundert Jahre später, 1913, wurde das Völkerschlachtdenkmal fertiggestellt, als ein Monument der Heldenverehrung. Ein Jahr später begann der Erste Weltkrieg. Auch die Nationalsozialisten schätzten dieses Denkmal und auch spätere Machthaber. Was mich an diesem Denkmal besonders erschreckt hat, ist die Tatsache, dass oben in übergroßen Lettern der Satz steht: „Gott mit uns". Für mich ist dieses Denkmal ein Mahnmal dafür, dass man sogar Gott zum Sinngeber des Krieges machen konnte. Erschreckend aktuell, wenn man bedenkt, dass heute in Syrien und im Irak sogenannte „Gotteskrieger" unter Berufung auf den „einen Gott" Menschen umbringen und zu ihrem Glauben zwingen wollen.

Als Christen, so denke ich, können wir diesen Gedenktag nur dann mitfeiern, wenn er ein Tag ist, an dem Tod und Krieg kein höherer Sinn zugeschrieben wird. An dem daran erinnert wird, dass in unserer Geschichte vieles geschieht, dem wir keinen Sinn geben dürfen. Ereignisse und Taten von Menschen, Erfahrungen von Leid und Tod, *die vielmehr zum Himmel schreien*. Deshalb ist die Erinnerung an den Himmel, die Paulus uns heute gibt, etwas anderes als die Vertröstung auf das Jenseits. Es ist die

Einsicht, dass vieles, was in unserer Welt geschieht, nicht das letzte Wort sein kann, wenn wir an diese Welt als an die Welt *Gottes* glauben wollen, dem wir vertrauen können. Wenn Paulus uns heute Morgen an den Himmel erinnert, dann wendet er unseren Blick damit nicht ab von der Welt, wohl aber über die Welt hinaus, auf die Wirklichkeit Gottes, auf die Möglichkeiten, die Gott für diese Welt hat.

II. Der für uns Gerichtete als der Richter

Paulus weitet unseren Blick über die Welt hinaus, ohne die Welt, in der wir leben, dadurch zu überspringen. Er bleibt der Erde treu. Er sagt uns, dass unser Leben vor Gott Bedeutung hat. Dass er es genau ansieht und unterscheidet zwischen dem, was Bestand hat und dem, was nicht bleiben kann. Deshalb redet Paulus im selben Atemzug auch von dem *Gericht.* „Wir müssen alle offenbar werden vor dem Richterstuhl Christi", schreibt er. Er erinnert gerade uns Christen daran, dass Gott unser Leben beurteilt. Dass es vor Gott wichtig ist, was wir tun. Deshalb vernebelt er uns gerade nicht den Blick. Er schärft ihn uns vielmehr, dass wir genau hinschauen. Ja, durch den Verweis auf den Himmel rückt unsere Welt in ein Licht, in dem es uns möglich wird, genau hinzuschauen. Weil es neben all der Schuld nun eben auch die Möglichkeit der Versöhnung gibt.

Indem Paulus uns daran erinnert, wird die Welt, in der wir leben, gerade nicht für unwichtig erklärt. Im Licht der Wirklichkeit Gottes wird ihr aber abgesprochen, dass die Geschichte selbst das Weltgericht ist, dass Krieg und Tod das letzte Wort haben über das Leben der Menschen, an die wir heute denken. Und damit wird dem Leid und dem Tod insgesamt das Recht genommen, über unser Leben zu entscheiden. Daran erinnert uns Paulus. Er schärft uns den Blick dadurch, dass er uns sagt, wer der ist der über unser Leben entscheidet. Er erinnert uns daran: *Jesus* hat das letzte Wort über euer Leben. Es ist *sein* Richterstuhl, vor dem ihr am Ende erscheint. Vor *ihm* wird offenbar werden, was ein Recht hat zu bleiben, und was nicht länger bleiben kann.

Vielleicht brauchen wir heute, in einer Zeit, in der wir schon sehr lange in unserem Land im Frieden leben, die Erinnerung daran, dass es gilt zu unterscheiden zwischen dem, was zum Leben führt und dem, was sinnlos ist und nicht bleiben kann. Nicht alles, was wir tun können, hat sein Recht. Wir müssen uns fragen, was dem Leben dient. Und was nichts anderes ist als das Hinterherlaufen hinter Ideologien, hinter Wahnvorstellungen, die uns Menschen, die das Sagen haben, als das Erstrebenswerte hinstellen. Es ist heute schwerer geworden, das zu sehen. So wie es sicher auch in der Zeit des Zweiten Weltkriegs schwerer war, klar zu sehen, als es uns heute manchmal vorkommt. Der Volkstrauertag erinnert uns auch daran, uns nicht so einfach über die Geschichte zu erheben, sondern sie als Mahnung dafür zu nehmen, dass sich uns in der Zukunft vieles als falsch erweisen kann, das wir heute für richtig halten. Er erinnert uns daran, dass unser Handeln immer von der Bitte an Gott begleitet werden muss, dass *sein* Wille geschehe wie im Himmel so auf Erden, weil wir selbst das oft gar nicht genau wissen.

III. Die Umkehr zum Leben

Paulus erinnert uns darum heute an den, der über unser Leben entscheidet. Er erinnert uns daran, dass sein Gericht keine Drohung an uns ist, sondern ein *Zurechtbringen*. Der Moment, in dem wir erkennen, was dem Leben dient und was ihm widerstreitet. Der Moment, in dem das geschieht, was Paulus damit beschreibt, dass „das Sterbliche verschlungen werde vom Leben". Und er macht uns Mut, schon heute danach zu fragen. Uns nicht hineinzugeben in den „Realismus" der Welt, dass Krieg und Tod eben das letzte Wort haben. Sondern danach zu suchen, wo heute schon etwas aufleuchtet vom Leben, in dem Gottes Welt in unsere Welt hineinragt. Wo die Umkehr zum Leben durch die Sinnlosigkeit hindurch möglich wird. Dieses Leben können wir nicht einfach mit unseren Augen sehen. Wir müssen es uns *zeigen* lassen von Gott. Es ist ein Sehen, das beginnt, wenn wir an Gottes Zukunft *glauben*: „Denn wir wandeln im Glauben, nicht im Schauen", schreibt Paulus. Dann erscheinen die kleinen Begegnungen mit dem Leben in einem anderen Licht, nämlich als Hinweise auf *das* Leben, das am Ende bleiben wird.

Das ist das Geheimnis von Gericht und Leben. Wir Christen glauben, dass Gott diese Welt sosehr liebt, dass er sie nicht einfach ins Verderben rennen lässt. Wir Christen glauben, dass es einen gibt, in dem Gott selbst alles, was uns von ihm trennt, *auf sich* genommen hat. Der Richter, auf den wir warten, ist kein anderer als der, der selbst das Gericht auf sich genommen hat. Wenn er uns richtet, dann zerstört er uns damit nicht, sondern nimmt alles Lebensfeindliche von uns weg. *Er* ist unsere Zukunft. *In ihm* steht „das Haus" im Himmel, von dem Paulus schreibt. Wenn wir an diese Zukunft glauben, dann fällt von ihr aus schon heute ein Licht auf die Gegenwart, dann sind wir schon unterwegs dorthin. Dann beginnen wir, mit den Augen des Glaubens heute schon zu sehen.

7. Verwunderung (Joh 2,1–11)[14]

(1) Und am dritten Tage war eine Hochzeit in Kana in Galiläa, und die Mutter Jesu war da. (2) Jesus aber und seine Jünger waren auch zur Hochzeit geladen. (3) Und als der Wein ausging, spricht die Mutter Jesu zu ihm: Sie haben keinen Wein mehr. (4) Jesus spricht zu ihr: Was geht's dich an, Frau, was ich tue? Meine Stunde ist noch nicht gekommen. (5) Seine Mutter spricht zu den Dienern: Was er euch sagt,

[14] Predigt am zweiten Sonntag nach Epiphanias (18. Januar 2015) im Gemeindehaus Honau.

das tut. (6) Es standen aber dort sechs steinerne Wasserkrüge für die Reinigung nach jüdischer Sitte, und in jeden gingen zwei oder drei Maße. (7) Jesus spricht zu ihnen: Füllt die Wasserkrüge mit Wasser! Und sie füllten sie bis obenan. (8) Und er spricht zu ihnen: Schöpft nun und bringt's dem Speisemeister! Und sie brachten's ihm. (9) Als aber der Speisemeister den Wein kostete, der Wasser gewesen war, und nicht wusste, woher er kam – die Diener aber wussten's, die das Wasser geschöpft hatten –, ruft der Speisemeister den Bräutigam (10) und spricht zu ihm: Jedermann gibt zuerst den guten Wein und, wenn sie betrunken werden, den geringeren; du aber hast den guten Wein bis zuletzt zurückbehalten. (11) Das ist das erste Zeichen, das Jesus tat, geschehen in Kana in Galiläa, und er offenbarte seine Herrlichkeit. Und seine Jünger glaubten an ihn.

I. Verwunderung

„Ned grad sei best's Stück" sei dieses Wunder in Kana gewesen, so sagt man. Ja, wenn man Auslegungen und Predigten zu dieser Erzählung liest, dann ist immer wieder von dem Unverständnis und den Schwierigkeiten die Rede, die dieser Text bereitet. Allzu spektakulär erscheint vielen diese Erzählung, geradezu fantastisch: Jesus verwandelt Wasser in Wein. Anders als bei den Heilungen blinder oder lahmer Menschen, bei denen die Wundertätigkeit einem anderen Menschen zugute kommt, anders als bei den Naturwundern, in denen Jesus die das Leben der Menschen bedrohenden Naturgewalten bändigt, scheint Jesus hier etwas ganz und gar Unsinniges, ja fast Unmoralisches zu tun. Wie kann er, so hat man gefragt, auf einer Hochzeitsgesellschaft, nachdem schon so viel getrunken wurde, dass der Wein ausgegangen war, noch einmal eine solche riesige Menge Wein herstellen?! Sechs große Krüge lässt Jesus mit Wasser füllen – ca. 600 Liter! Das sind 2400 Viertele! Der sittenstrenge Reformator Johannes Calvin hat sich mit dieser Tatsache entsprechend schwer getan und erklärt, Jesus habe wohl gerade so viel Wein hergestellt, wie die Gesellschaft vertragen konnte. Und der auf die Vernunft und die Sittlichkeit pochende Friedrich Schleiermacher beruhigte sich damit, Jesus habe wohl ganz auf die Vernünftigkeit und moralische Integrität der Hochzeitsgäste vertraut. An keiner Textpassage ist mir so deutlich geworden wie hier, dass man den Sinn der Evangelien verfehlt, wenn man sie als bloße Berichte über vergangene Ereignisse liest, über die man spekulieren, die man durch seine eigenen Gedanken und Überlegungen ergänzen und verständlich machen kann. An keiner Textpassage ist mir so deutlich geworden wie hier, dass diese Texte in unsere Gegenwart hinein reden und uns *heute* etwas sagen über den, von dem diese Geschichten erzählen!

Vielleicht passt diese Geschichte von der Hochzeit zu Kana gerade deshalb ganz besonders gut zu diesem heutigen Sonntag, an dem wir hier im Gemeindehaus unseren

Gottesdienst feiern. Besonders gut dazu, dass gestern Abend hier noch kräftig gefeiert und wohl auch das ein oder andere Viertele getrunken wurde. Denn diese Geschichte macht uns ja deutlich: Jesus kommt mitten in unsere Welt. Er kommt mitten ins Leben, so wie wir es kennen, mit seinen Höhen und Tiefen, mit den Seiten, von denen wir gerne reden und auch den Seiten, von denen wir lieber schweigen. Hier, in unserer Welt, tut Jesus sein Werk, und deshalb reden wir heute von ihm, deshalb redet diese Geschichte an diesem Morgen zu uns. Nun redet die Geschichte aber, wenn sie vom Wein redet, zuerst einmal nicht von den traurigen und dunklen Seiten des Lebens, wie wir es vielleicht oft kennen. Nein, diese Geschichte, sie redet vom Feiern, vom Genießen und sogar vom Trinken. Es ist eine weltliche und lebensfrohe Geschichte! Und darum passt sie so gut hierher!

Es gibt einen in dieser Geschichte, der vielleicht am nächsten dran ist, was hier geschieht, der vielleicht am meisten versteht: der Speisemeister. Als er den Wein, den Jesus aus Wasser gemacht hat, kostet, da ruft er den Bräutigam zu sich und fragt ihn, weshalb er den guten Wein bis zuletzt zurückgehalten habe, während man doch eigentlich den guten Wein zuerst ausschenken solle! Der Speisemeister *wundert* sich, und deshalb ist er so nah dran an diesem Wunder! Er merkt, dass Jesus mit diesem Wunder nicht einfach Abhilfe schafft und dem Brautpaar aus einem Engpass hilft. Jesus ist kein Magier, der auf Bestellung zaubert. Der Wein, den Jesus bringt, ist Ausdruck der ganzen Fülle des Lebens, ist Ausdruck dessen, dass Leben mehr ist als das, was unbedingt nottut. Dieser Wein ist Ausdruck des überfließenden Lebens, das Gott im Kommen Jesu schenkt. Ganz weltlich, doch so, dass die Menschen, die diese Geschichte zuerst hörten, an die Worte aus dem 104. Psalm erinnert wurden, an den Dank, der dort an Gott ausgesprochen wird: *„Du lässest Gras wachsen für das Vieh und Saat zu Nutz den Menschen, dass du Brot aus der Erde hervorbringst, dass der Wein erfreue des Menschen Herz". (Psalm 104,14+15)* Dieser Wein ist Ausdruck der Freude, einer Freude, die aus dem Herzen kommt und so den ganzen Menschen erfüllt: Diese Freude schenkt Gott uns an diesem Morgen! Lassen wir sie einziehen in unser Herz! Wir öffnen dieser Freude die Tür, wenn wir uns mit dem Speisemeister zunächst einmal wundern über Jesus, darüber, was in ihm da ist, mitten in unserer Welt. Diese Geschichte wird dann zum Wunder, wenn sie unser Herz erreicht, so dass wir uns anfangen zu wundern – und uns dann zu freuen! Was ist aber in Jesus da? Was bedeutet es, dass Gott in ihm die Fülle des Lebens schenkt?

II. Sehnsucht nach Leben

Es ist Lebensfreude, von der diese Geschichte uns erzählt. Freude am Leben haben ist mehr als nur zu existieren. Es heißt „Ja" sagen zum eigenen Leben. Es heißt, sein Leben dankbar zu empfangen und seine Freude darüber zu teilen. Und das ist alles andere als selbstverständlich. Vielleicht wird das in unserer Gesellschaft, in der es vielen Menschen materiell gesehen sehr gut geht, deutlicher sichtbar als zuvor. So hat jedenfalls der Theologe Heinz Zahrnt seine Wahrnehmung des Menschen am Beginn des 21. Jahrhunderts beschrieben: „Sollte ich die Stimmung unserer Zeit auf einen Nenner bringen, so würde ich antworten: Sehnsucht nach Leben. Enttäuscht vom Fortschrittsglauben der Neuzeit … frustriert durch die Konsum- und Erlebnisgesellschaft und unbefriedigt vom materialistischen Weltbild, haben wir erfahren, daß ‚am Leben sein'… noch nicht ‚wahrhaft leben' heißt. … Mitten im Leben sind wir unterwegs nach dem Leben, was immer das sei. Es ist, als hätten wir einmal ein derartiges Versprechen erhalten und warten nun darauf, ja suchen und jagen danach, daß es sich erfülle."[15] An der Wahrnehmung dieses Unterschiedes zwischen „am Leben sein" und „wahrhaft leben" „entspringt die ‚Lebensangst' des Menschen und mit ihr sein Fragen über sich selbst hinaus nach dem Grund und Sinn seines Daseins in der Welt: Wir haben viel gewonnen – aber was soll uns das Ganze? Wir besitzen vielerlei Güter – aber wozu sind sie gut? Wir haben viel Wissen – aber kaum noch Gewißheit. In dem Maße, in dem unser Wissen über einzelnes wächst, droht unser Verständnis der Welt im ganzen abzunehmen. Einige verfügen über die nötigen Informationen – allen zusammen fehlt die Orientierung."[16] So Heinz Zahrnt.

Heute, fast fünfzehn Jahre, nachdem Zahrnt diese Sätze geschrieben hat, scheinen sie mir immer noch aktuell. Wir machen ja die Erfahrung, dass der Überfluss sich ins Negative wenden kann, so wie am Morgen nach einigen Viertele zu viel uns das Unwohlsein befällt. Was fangen wir mit unserem Wissen an, wenn wir keine Gewissheit mehr haben? Finden wir in der Flut an Informationen, die uns täglich überschütten, noch *Lebenswahrheiten*, die uns Orientierung geben? Bleibt angesichts der hektisch gewordenen Gesellschaft Zeit für die Konzentration auf das Wesentliche? Ja, ich denke, die Frage, was „wahres Leben" ist, sie stellt sich uns auch heute. Es tut gut, wenn wir uns diese Frage stellen. Es tut gut, wenn wir uns darüber wundern, wie Jesus sie an uns richtet.

III. Das Leben ist erschienen

„Das Leben ist erschienen", schreibt der Erste Johannesbrief über Jesus (1Joh 1,2). Wir müssen es nicht selbst machen, nicht erst „selbst verwirklichen", wie manche sagen, und uns nicht nach ihm abhetzen. Es ist erschienen in ihm und ganz da, wenn wir uns auf ihn einlassen. Es ist da, weil dieses Leben in Jesus ja in den Tod geht und den Tod

[15] *Heinz Zahrnt*, Glauben unter leerem Himmel. Ein Lebensbuch, München 2000, 26.
[16] *Zahrnt*, aaO., 27f.

überwindet, weil es sich in seiner Geschichte ereignet, dass das Leben den Tod besiegt – und wir dem Leben deshalb trauen können. Vertrauen wir den Spuren dieses Lebens. Lassen wir uns von ihnen die Angst vor der Zukunft nehmen. Denn Jesus wird später zu seinen Jüngern sagen, dass er ihnen Anteil gibt an seinem Leben, das den Tod überwindet: *„Ich bin der Weinstock, ihr seid die Reben."* (Joh 15,5) Er erinnert gerade auch uns Menschen, die wir als Christen zu leben versuchen, daran, dass wir das Leben nicht in der Hand haben, dass wir nicht der Weinstock sind. Er erinnert uns an die heilsame Erkenntnis, dass wir nicht das Maß aller Dinge sind und es uns gut tut, wenn wir unser Leben als ein kostbares Geschenk ansehen. Manchmal, wenn ich mich zu sehr sorge über das, was ich wohl tun kann mit meiner Kraft, dann kommt es mir so vor, dass Jesus mir für einen Moment die Arbeit und die Sorge aus der Hand nimmt. Dass er mich für einen Moment mit einer Strenge und gleichzeitig tiefen Güte anblickt und mir sagt, was wir vorhin gehört haben: *„Nicht ihr habt mich erwählt, sondern ich habe euch erwählt und bestimmt, dass ihr hingeht und Frucht bringt, die in Ewigkeit bleibt."* (Joh 15,16) Er schenkt es uns, dass mitten in unserer Welt das Wunder geschieht, dass Menschen zu *glauben* beginnen. Dass Menschen das Leben ergreifen und lernen sich schlicht an ihrem Leben zu *freuen* – trotz allem, was dagegen zu sprechen scheint. Das ist die Lebensfreude, die uns Jesus bringt: Sie geht nicht an den Brüchen des Lebens vorbei, sie geht durch sie hindurch. Sie nimmt sie mit ins Leben. Und so schenkt sie uns Hoffnung.

Vielleicht leuchtet etwas von dieser Lebensfreude ja auch an den geselligen Abenden hier im Gemeindehaus auf, selbst dann, wenn einmal ein Viertele zu viel dabei getrunken werden sollte. Vielleicht begegnet in solchen Momenten der Gemeinschaft und der Lebensfreude, wenn Menschen sich füreinander öffnen, ja auf eine ganz unspektakuläre Weise unser Herr Jesus selbst und schenkt Hoffnung zum Leben. Lassen wir uns diese Lebensfreude heute, an diesem Morgen schenken, wenn wir gleich miteinander an den Tisch unseres Herrn Jesus kommen, um von ihm Brot und Wein zu empfangen. Wenn wir es von ihm hören, was er dann zu uns sagt: ‚Das bin ich für dich!' ‚Dein Leben mit allem, was zu ihm gehört, ist aufgehoben bei mir. Du kannst es dir erlauben, dich über dein Leben einfach nur zu freuen und diese Freude mit anderen Menschen zu teilen.' Dann leuchtet etwas davon hier herein, was mit der „Stunde" Jesu gekommen ist und bei der Hochzeit in Kana auf so erstaunliche Weise offenbar wird. So dass die Geschichte bis heute erzählt wird – und Menschen sich darüber wundern.

8. Nichts ohne ihn (Joh 15,1–8)[17]

I. Bilder von Jesus

Es gibt Dinge, die kann man nur in Bildern ausdrücken. Weil sie sich nicht ein- für allemal in einem Begriff oder einer Definition greifen und damit „feststellen" lassen, sondern je und je neu umschrieben und betrachtet werden müssen. Weil man sich ihnen je und je neu annähern muss. So ist es wohl auch mit dem Glauben an Jesus. Wir „haben" Jesus nicht ein für alle Mal. Wir können uns ihm nur je und je neu annähern. Das ist so, weil Jesus ja nicht nur eine Vorstellung in unserem Kopf ist, nicht nur ein Gedanke oder ein Begriff. Er ist eine lebendige Person, die uns *begegnen* will, die uns dort sucht und antrifft, wo wir gerade sind.

Vielleicht überlegen Sie kurz, wie Sie heute Morgen hier sind. Welche Stimmung und welche Gefühle Sie heute Morgen mitbringen. Von welchen Begegnungen und Erfahrungen der vergangenen Woche Sie herkommen. An welchem Punkt Sie in Ihrem Leben gerade sind. All das bringen wir heute Morgen mit. All das gehört zu uns. All das bringen wir heute zu Jesus, damit er uns begegnet in dem Wort, das wir heute von ihm hören.

Es ist ein Wort aus dem Johannesevangelium. Ein Bild-Wort von Jesus. Der Evangelist Johannes kennt das, was ich gerade gesagt habe: Er weiß, dass es Dinge gibt, die man nur in Bildern ausdrücken kann. Er weiß, dass die Person Jesu ein *Geheimnis* ist: Etwas, das man nie vollständig ergründen, sondern dem man nur immer wieder begegnen und sich von ihm je und je neu ansprechen lassen kann. Darum verwendet Johannes verschiedene Bilder von Jesus. Verschiedene Bilder, die alle auf Jesus deuten, die in ihm ihr Zentrum haben: „Ich bin das Licht der Welt"; „Ich bin der gute Hirte"; „Ich bin die Tür" – so sagt Jesus von sich im Johannesevangelium. Diese Bilder bieten verschiedene Zugänge zu Jesus, so dass auch für einen jeden von uns ein Weg dabei ist. Versuchen wir es heute mit dem Bild von Jesus als dem Weinstock. Wir hören aus dem fünfzehnten Kapitel des Johannesevangeliums die Verse 1 bis 8:

(1) Ich bin der wahre Weinstock, und mein Vater der Weingärtner. (2) Eine jede Rebe an mir, die keine Frucht bringt, wird er wegnehmen; und eine jede, die Frucht bringt, wird er reinigen, dass sie mehr Frucht bringe. (3) Ihr seid schon rein um des Wortes willen, das ich zu euch geredet habe. (4) Bleibt in mir und ich in euch. Wie die Rebe keine Frucht bringen kann aus sich selbst, wenn sie nicht am Weinstock bleibt, so auch ihr nicht, wenn ihr nicht in mir bleibt. (5) Ich bin der Weinstock, ihr

[17] Predigt am Sonntag Jubilate (26. April 2015) in der Galluskirche Honau und in der Erlöserkirche Unterhausen.

seid die Reben. Wer in mir bleibt und ich in ihm, der bringt viel Frucht, denn ohne mich könnt ihr nichts tun. (6) Wer nicht in mir bleibt, der wird weggeworfen wie eine Rebe und verdorrt, und man sammelt sie und wirft sie ins Feuer und sie müssen brennen. (7) Wenn ihr in mir bleibt und meine Worte in euch bleiben, werdet ihr bitten, was ihr wollt, und es wird euch widerfahren. (8) Darin wird mein Vater verherrlicht, dass ihr viel Frucht bringt und werdet meine Jünger.

II. „Ohne mich könnt ihr nichts tun!“

„Ohne mich könnt ihr nichts tun!“ – Was für ein harter Satz! Ein Satz, der auf den ersten Blick als eine ungeheure Anmaßung wirken könnte. Ein Satz, der doch dem widerspricht, wie wir modernen Menschen unser Leben verstehen. Denn wenn Jesus sagt: „Ohne mich könnt ihr nichts tun!“, dann scheint er uns doch ganz und gar abhängig von sich zu machen. Und: Denken wir nicht eigentlich, dass wir unser Leben *selbst* in der Hand haben? Dass wir unabhängig und frei sein wollen, keinesfalls abhängig von jemandem, der zu uns sagt: „Ohne mich könnt ihr nichts tun!“? Ich habe den Eindruck, dass viele Menschen diese Zumutung des christlichen Glaubens abschreckt. Sie bleiben auf Distanz zu Kirche und Glaube, weil sie irgendwie befürchten, dass sie ihre Selbstständigkeit und Freiheit verlieren, wenn sie sich einlassen auf den Glaube. Ein bisschen etwas kann man schon mitnehmen, vielleicht den ein oder anderen Gedanken, den Jesus gebracht hat. Vielleicht einen Zuspruch, den man gerne mitnimmt an wichtigen Stationen des Lebens. Aber eben so, dass man sich dann auch wieder davon distanzieren kann, ohne sich verpflichten zu müssen. Und dann steht da auf einmal Jesus mit diesem ungeheuren Anspruch: „Ohne mich könnt ihr nichts tun!“ Vielleicht ist es wichtig, dass wir diesen Anspruch in seiner ganzen Schärfe zuerst einmal wahrnehmen und hören. Dass wir uns Jesus nicht zu harmlos vorstellen, sondern als einen, der uns ganz und gar fordert, nicht nur einen Teil unseres Lebens, sondern uns ganz. Der etwas anderes ist als eine Zutat zu unserem Leben, etwas, was es neben vielem anderen eben auch noch gibt. Sondern der, der unser Leben bestimmt.

„Ohne mich könnt ihr nichts tun!“ Das ist der Satz eines Unentbehrlichen. Vielleicht ist uns dieser Satz ja auch viel näher, als wir auf den ersten Blick meinen. Vor ein paar Wochen musste ich für einen Tag zu einer kleineren Operation ins Krankenhaus und wurde danach zwei Wochen krankgeschrieben. Es fiel mir schwer, so lange meine Aufgaben weitgehend liegen zu lassen. Und ganz habe ich es auch nicht geschafft. Ich musste mich immer wieder daran erinnern lassen, dass die Dinge jetzt eben einmal zwei Wochen ohne mich weiterlaufen. Vielleicht haben Sie schon einmal Ähnliches erlebt. Wie schnell sehen wir uns selbst als unentbehrlich an, so dass dieser Satz auf einmal zu unserem eigenen Satz wird: „Ohne mich könnt ihr nichts tun!“ „Ohne mich läuft es nicht!" Ohne dass uns das immer bewusst ist, setzt uns dieser Gedanke ganz schön unter Druck. Mir fiel es schwer, mir die Zeit zu nehmen, die es einfach brauchte, bis ich wieder erholt war und neu beginnen konnte. Vielleicht kennen Sie das ja auch: Wenn ihr einmal darauf achtet, wo ihr euch als unentbehrlich empfindet. Wo ihr den Eindruck habt: „Ohne mich läuft es nicht!" Wo das, was wir zu tun haben, so wichtig ist, dass wir darüber vergessen, uns einfach mal über unser Leben zu freuen: an den schönen sonnigen Tagen, die wir in den letzten Wochen schon erlebt haben. An den Menschen, die uns begegnen. An der Natur hier im Echaztal, wo die Bäume so langsam wieder im satten Grün erstrahlen als ein Zeichen dafür, dass das Leben sich durchsetzt.

Ich gebe zu: Manchmal habe ich mich auch ein bisschen geärgert, wenn mir jemand gesagt hat, dass ich jetzt mal etwas langsamer machen soll. Oder wenn mir jemand sagt, dass ich doch einfach mal etwas genießen soll. Denn: Ist es falsch, dass ich mich verantwortlich fühle? Ist es falsch, dass ich mich der Verantwortung stelle? Nein, das ist es nicht. Aber es liegt eine Gefahr darin: Die Gefahr, zu meinen, es hinge alles an mir. Die notwendigen Gedanken, die wir uns über unsere Zukunft machen können, werden dann zur Bedrohung, wenn wir vergessen, dass wir unsere Zukunft nicht selbst in der Hand haben, sondern sie uns nur schenken lassen können von Gott. Vor lauter Sorge um uns und um andere laufen wir Gefahr zu vergessen, dass wir nicht Gott sind, sondern Menschen. Denn das ist es ja eigentlich, was in diesem Satz liegt: „Ohne mich könnt ihr nichts tun!" – das ist ein Satz, den nur Gott sagen kann. Indem Jesus diesen Satz von sich selbst sagt, nimmt er ihn uns weg. Für uns ist es wichtig, dass wir auch unsere Grenzen kennen. Dass wir wissen, wo unsere Kraft endet.

III. Jesus in uns

„Ohne mich könnt ihr nichts tun!", sagt Jesus zu uns. Und er erläutert uns das, was er damit meint, mit dem Bild vom Weinstock und den Reben: „Ich bin der wahre Weinstock, und mein Vater ist der Weingärtner … Ich bin der Weinstock, ihr seid die Reben." ‚Ihr müsst nicht aus euch selbst heraus leben. Ihr seid nicht die Quelle des Lebens. Nein, diese Quelle bin *ich*!' – Das ist es, was Jesus uns heute Morgen sagt.

So wie die Reben den Saft nicht aus sich selbst hervorbringen, sondern aus dem Weinstock heraus empfangen – so empfangen wir unsere Kraft zum Leben von Jesus. Wir können neue Kraft gewinnen, wenn wir uns auf Jesus einlassen und uns von ihm zeigen lassen, welche Möglichkeiten es für unser Leben gibt. Der harte Satz, den Jesus zu uns sagt, dass wir ohne ihn nicht tun können, er wird dann zur Befreiung, wenn wir verstehen, dass nur *Jesus* ihn sagen kann: Weil in ihm *Gott* ganz da ist. Weil uns in ihm der begegnet, der uns das Leben geschenkt hat, und je und je neu schenkt, so dass wir es einfach nur noch annehmen müssen. Diese Einsicht ist etwas ganz anderes als ein Aufruf zur Faulheit. Es ist eine Einsicht, die uns in Wahrheit ermöglicht, das zu tun, was tatsächlich in unserer Macht steht. Es ist eine Einsicht, die mich neu verstehen lässt, was Leben eigentlich ist: zuerst und vor allem Geschenk. Ich glaube, dass das eine Botschaft ist, die unsere Gesellschaft heute mehr denn je braucht. Eine Gesellschaft, in der so gut wie alles bewertet und verrechnet wird. In der von Anfang bis zum Ende alles berechnet ist. In der schon unsere Kinder daran gemessen werden, was sie leisten und einmal „werden" können – anstatt dass wir von *ihnen* lernen, was es heißt, sich am Leben zu freuen. Denn sich am Leben zu freuen gehört ja zu den Dingen, die beides zugleich sind: ganz einfach und zugleich unendlich schwer.

Diese Einsicht ist nicht nur dann wichtig, wenn mir etwas misslingt und ich an die Grenzen meiner Kraft komme. Sie ist gerade auch dann wichtig, wenn ich etwas schaffe und geleistet habe. Sie ermöglicht mir nämlich auch das, was mir gelingt, als Geschenk anzunehmen und mich einfach darüber zu freuen. Wenn ich mein Leben nicht als das Produkt meiner Leistung ansehe, dann entsteht Freude: Jubilate! Jubelt! Freut euch!

So kommt Jesus uns heute, an diesem Morgen, in dem Bild von dem Weinstock nahe. Er erinnert uns daran, dass er will, dass uns etwas gelingt in unserem Leben. Etwas, das am Ende bleibt. Dass er uns dort, wo wir in einer Begegnung etwas vom Leben spüren, ihm selbst begegnen, der die Quelle des Lebens ist, weil in ihm Gott selbst bei uns da ist. Wenn ich in einer Begegnung merke, dass ich dem anderen etwas sagen kann, das ihm gut tut. Wenn ich spüre, dass wir uns für einen Moment verstehen. Wenn ich etwas loswerden kann, das mich belastet hat. Wenn ich mich anstecken lasse von der Freude und gemeinsam mit einem anderen lache – dann ahne ich etwas von der Gegenwart Jesu Christi, die mich neu anfangen lässt zu leben. Und das gilt eben auch von uns als Kirche Jesu Christi: An die Stelle eines Aktionismus in der Sorge um unsere Zukunft tritt die Aufforderung, uns an der Botschaft, von der wir wissen dürfen zu freuen – und darauf zu vertrauen, dass diese Freude dann auch andere Menschen ansteckt. Selbst das Gericht, von dem in unserem Text ja auch die Rede ist, verliert an Bedrohlichkeit, weil es nur noch darauf ankommt, bei Jesus zu bleiben.

Glaube an Jesus Christus heißt: sich trotz allem am Leben zu freuen. Zu glauben, dass das Lachen und die Freude stärker sind als die Angst. Zu glauben, dass mein Leben einen festen Grund hat, einen Weinstock, der mich trägt. Das ist es, was der Epheserbrief uns wünscht, wie wir vorhin gehört haben, nämlich *„ ..., dass Christus durch den Glauben in euren Herzen wohne und ihr in der Liebe eingewurzelt und gegründet seid"*

(Eph 3,17). Dass wir dem Leben immer wieder neu vertrauen – und Kraft bekommen von dem, der unser Leben als der wahre Weinstock trägt.

9. „… denn ihr seid auch Fremdlinge gewesen"[18]

I.

Immer wieder haben wir in den vergangenen Wochen über das Thema der Flüchtlinge in unserem Land nachgedacht. An diesem Sonntag steht die Flüchtlingsthematik in vielen Gottesdiensten des Kirchenbezirks und auch der Prälatur Reutlingen im Mittelpunkt. Das Fürbittengebet, das wir nachher miteinander beten werden, wird heute in vielen Gottesdiensten gesprochen, als ein Zeichen dafür, dass diese Frage uns alle angeht und wir als christliche Kirche ein deutliches Zeichen setzen wollen in dieser Frage. Auch ich habe in das Thema in den vergangenen Wochen immer wieder einmal angesprochen. Die Rückmeldungen und Gespräche im Anschluss, aber auch die verschiedenen Reaktionen in den Medien zeigen, dass das Thema sehr vielschichtig ist und keine einfachen Antworten verträgt. Und trotzdem können wir nicht nur über das Thema nachdenken, sondern müssen konkret handeln. Und es gibt tatsächlich genügend Beispiele dafür, dass gehandelt wird.

Auch hier in Lichtenstein leben auf der Staufenburg Menschen, die aus unterschiedlichen Ländern zu uns gekommen sind. Manche, die dort einmal angekommen sind, haben inzwischen eine Heimat bei uns gefunden und konnten in eine eigene Wohnung ziehen. Ausgehend von unserer Kirchengemeinde hat sich ein Arbeitskreis Asyl gebildet, in dem Menschen aus verschiedenen Bereichen unserer Gesellschaft sich engagieren. Dieser Gottesdienst soll auch eine Gelegenheit sein, all den Menschen zu danken, die sich engagieren durch Geld- oder Sachspenden, durch tätige Mitarbeit oder Hilfe in der Planung. Man sieht dabei, wie herausfordernd es ist, auf die konkreten Anforderungen zu reagieren und Strukturen zu schaffen, die eine wirksame Hilfe ermöglichen.

Ich möchte heute keine politische Rede halten. Ich möchte, wie es die Aufgabe für eine Predigt ist, danach fragen, was uns zu dieser Frage in der Bibel begegnet, und in welche Richtung uns die Erinnerung daran weist. Das Thema des Fremd-Seins und der Flucht zieht sich ja wie ein roter Faden durch die Bibel. Als ein ständiger Wegbegleiter begleitet das Volk Israel die Erinnerung, dass die Israeliten einst Fremdlinge waren in Ägypten. Als eine Erinnerung, die das Volk prägen soll in seinem Verhalten gegenüber Fremdlingen, die in ihrem Land leben. Im Zweiten Buch Mose heißt es:

---

[18] Predigt am 16. Sonntag nach Trinitatis (20. September 2015) in der Galluskirche Honau und in der Johanneskirche Unterhausen zum Thema „Flüchtlinge".

„Die Fremdlinge sollt ihr nicht unterdrücken; denn ihr wisset um der Fremdlinge Herz, weil ihr auch Fremdlinge in Ägyptenland gewesen seid." (Ex 23,9)

Und an einer anderen Stelle im selben Buch:

„Die Fremdlinge sollst du nicht bedrängen und bedrücken; denn ihr seid auch Fremdlinge in Ägyptenland gewesen." (Ex 22,20)

Der Aufruf zum respektvollen Umgang mit dem „Fremdling" durchzieht die Gesetzessammlung Israels, immer verbunden mit der Erinnerung an Israels eigene Geschichte, besonders deutlich im dritten Buch Mose, wo Gott selbst zu seinem Volk sagt:

„Wenn ein Fremdling bei euch wohnt in eurem Lande, den sollt ihr nicht bedrücken. Er soll bei euch wohnen wie ein Einheimischer unter euch, und du sollst ihn lieben wie dich selbst; denn ihr seid auch Fremdlinge gewesen in Ägyptenland. Ich bin der HERR, euer Gott." (Lev 19,33–34)

Diese Texte erinnern an etwas, was man als eine „Urerfahrung" Israels bezeichnen kann: als eine Erfahrung, die so grundlegend ist, dass sie das Denken der Menschen bestimmt, auch derer, die das Ereignis gar nicht mehr selbst erlebt haben. Gerade deshalb muss es erinnert werden, weil wir Menschen eben sehr schnell vergessen, worauf unser Leben gründet. Ein Mal im Jahr erinnerten sich die Israeliten an ihre Geschichte, wenn sie die Erstlingsfrüchte der Ernte zum Tempel brachten. Dann sagten sie:

„Mein Vater war ein Aramäer, dem Umkommen nahe, und zog hinab nach Ägypten und war dort ein Fremdling mit wenig Leuten und wurde dort ein großes, starkes und zahlreiches Volk" (Dtn 26,5)

Sie erinnern sich an diesem Fest – aus dem unser Erntedankfest entstanden ist – daran, dass sie ihr Leben nicht sich selbst verdanken. Sie erinnern sich daran, wer Gott für sie ist, wie er ihnen begegnet ist. Er ist ihnen begegnet als eine Macht, die sie befreit hat. Als eine Macht, die ihnen Raum gegeben hat zum Leben. Gott ist für Israel keine abstrakte Größe, sondern einer, dem es in seiner Geschichte ganz konkret begegnet ist als die Macht, der wir vertrauen können, weil sie unser Leben trägt. Und deshalb erinnert sich Israel daran, dass sie einst Fremde waren. Es erinnert sich daran, dass die Israeliten einst Flüchtlinge waren und dann die Erfahrung machen durften, dass ihnen Zukunft geschenkt wurde. Und diese Erfahrung ist im Umgang mit den Flüchtlingen heute wichtig. Denn sie erinnert uns daran, dass wir alle davon leben, dass wir Räume zum Leben geschenkt bekommen. Dass wir das als Menschen gemeinsam haben und deshalb in einer Solidarität zu den Menschen stehen, die heute auf der Flucht sind, weil sie Räume suchen zum Leben. Diese Einsicht beantwortet uns nicht alle Fragen. Sie gibt uns nicht eine Lösung aller Probleme. Aber sie erinnert uns daran, wer wir sind.

Dass wir keinen Grund haben, Menschen, die zu uns kommen, anzufeinden, sondern danach fragen sollen, was wir tun können, dass sie Räume finden zum Leben. Und sie erinnert uns daran, dass Gott Räume schenkt zum Leben. Sie erinnert uns daran, dass er auch uns solche Räume schenkt und die Grundlage unseres Denkens deshalb nicht die Angst, sondern das Vertrauen sein soll, dass er uns solche Räume gibt. Es ist ja oftmals die Angst davor, selbst zu kurz zu kommen, die schnell umschlägt in Hass und Gewalt. Diese Reaktionen sind freilich etwas ganz anderes als das vernünftige und notwendige Abwägen, was geleistet werden kann und wie wir Lösungen finden. Man darf beides nicht miteinander vermischen. Die Bibel weiß ja um die Probleme, die wir bis heute in unserer Welt kennen. Sie weiß um die Konflikte, die die Begegnung zwischen unterschiedlichen Menschen mit sich bringen. Aber sie vertraut darauf, dass in diesen Begegnungen die Kraft begegnen kann, die wir „Gott" nennen: der Grenzen überwindet und Wege weist, die wir noch gar nicht sehen.

II.

Freilich ist die Erfahrung Israels nicht einfach *unsere* Erfahrung. Aber die Erinnerung daran legt doch etwas frei, was uns mit Israel verbindet und was die Bibel aus Altem und Neuem Testament zu einer Einheit macht. Jesus jedenfalls, der in dieser Erinnerungsgeschichte steht, reiht auch seine Jüngerinnen und Jünger bei der Frage nach den Fremdlingen in diese Geschichte ein. Sie hat ihren Ort in der großen Gerichtsrede, die Jesus im Matthäusevangelium hält. Der Umgang mit dem Fremden ist hier ein Beispiel dafür, wie Menschen den Willen Gottes tun. Jesus sagt dort:

„Ich bin hungrig gewesen, und ihr habt mir zu essen gegeben. Ich bin durstig gewesen, und ihr habt mir zu trinken gegeben. Ich bin ein Fremder gewesen, und ihr habt mich aufgenommen" (Mt 25,35)

Und dann stellen die Menschen, zu denen Jesus dies sagt, die Frage, die sich uns als erstes stellt und die uns oft lähmt: die Frage nämlich, wo wir eigentlich anfangen sollen, was wir als Einzelne tun können. Deshalb fragen die Menschen Jesus: *„Wann haben wir dich als Fremden gesehen und haben dich aufgenommen?"* Und Jesus antwortet ihnen: *Was ihr getan habt einem von diesen meinen geringsten Brüdern, das habt ihr mir getan."* (Mt 25,38a.40b) Jesus verweist uns auf den Einzelnen. Es geht ihm um die Frage, wie wir als Einzelne dem Einzelnen begegnen. Und er macht seinen Jüngern verständlich, dass in dieser Begegnung etwas geschehen kann, was wir vielleicht gar nicht so leicht bemerken: In dieser Begegnung begegnet der menschgewordene Gottessohn selbst. Er ist ja ein Fremder in dieser Welt, einer, der seine Heimat verlassen hat, um uns zu suchen und zu finden.

III.

Die Bibel bietet uns für die Flüchtlingsfrage keine einfache Lösung. Wir wissen, dass wir eben auch die übergreifenden, grundsätzlichen und strukturellen Fragen stellen und beantworten müssen. Das Thema Flüchtlinge ist nicht einfach. Und was uns die Bibel vorschlägt: den Fremden zu lieben wie den Einheimischen, das ist schon eine hohe Anforderung, es ist ein Ideal. Und gegen Ideale werden häufig Einwände vorgebracht. Meistens speisen sich die Einwände aber nicht aus belastbaren Belegen, sondern eben aus eigenen, negativen Erfahrungen. Der gemeinsam gelebte Alltag sieht nicht ganz so harmonisch aus, wie das Ideal es voraussetzt. Da sind Spannungen und Konflikte, da muss man sich über alle Sprach- und Kulturunterschiede erst mal mühsam zusammenfinden. Wer sich mit der biblischen Botschaft verbindlich einlassen will, kommt immer wieder in dieses Spannungsfeld von konkretem Alltag und Ideal. Die Bibel setzt nicht bei den großen Lösungen an, sondern bei der konkreten Begegnung. Wer die Geschichte weiterliest, der merkt auch in der Bibel, dass die Frage des Umgangs verschiedener Menschen miteinander nie geklärt, sondern immer eine Aufgabe ist.

Die Bibel erinnert uns daran, dass es eine Verbindung nach oben braucht, um Kraft zu erhalten, diese Spannungen auszuhalten, Ängste zu ertragen, Realität zu spüren und Hoffnung nicht aufzugeben, die Hoffnung auf Lösungen, die tragen. Toleranz heißt nicht einfach alles hinzunehmen. Toleranz heißt vor allem, lernen Unterschiede wahrzunehmen und auszuhalten, Fremden mit Respekt zu begegnen und auch die eigenen Grenzen zu akzeptieren, und immer neu versuchen, ins Gespräch zu kommen miteinander, im Wissen darum wie schmerzlich es sein kann, im Exil zu leben. Es wird auch in Zukunft eine wichtige Aufgabe der Kirche sein, Fremden in unserem Land vom Flüchtling bis zu dem, der Einheimischer geworden ist, Unterstützung und Hilfe zukommen zu lassen.

Die Bibel spannt einen weiten Bogen, angefangen von Adam und Eva, über Abraham und Jakob bis zu Mose und dem ins Exil geführte Volk Israel, in die sich die christliche Glaubensgeschichte einreiht, wenn etwa der Jakobusbrief die christlichen Gemeinden als „die Stämme in der Zerstreuung" anspricht (Jak 1,1). Sie erzählt die Geschichte, dass wir alle Flüchtlinge sind und das Wunder, dass den Flüchtlingen auf ihrer Flucht Gott begegnet als der, der Lebensmöglichkeiten schenkt. Sie erinnert uns daran, dass der Ausgangspunkt unseres Handelns nicht die Frage ist, wann das Boot voll ist, sondern die Einsicht, dass wir als Menschen alle im selben Boot sitzen. Und sie verheißt uns, dass Gott uns in Jesus Christus selbst als Fremder in dieser Welt begegnet, der uns zu Hausgenossen macht:

„So seid ihr nun nicht mehr Gäste und Fremdlinge, sondern Mitbürger der Heiligen und Gottes Hausgenossen.“ (Eph 2,19)

Ob etwas von dieser Verheißung in unseren Denken und Handeln aufleuchten könnte? Jedenfalls wäre das wohl die Richtung, in die wir zu schauen hätten.

10. Empfangen (Mk 10,13–16)[19]

(13) Und sie brachten Kinder zu ihm, dass er sie anrühre. Die Jünger aber fuhren sie an. (14) Als es aber Jesus sah, wurde er unwillig und sprach zu ihnen: Lasst die Kinder zu mir kommen und wehret ihnen nicht; denn solchen gehört das Reich Gottes. (15) Wahrlich, ich sage euch: Wer das Reich Gottes nicht empfängt wie ein Kind, der wird nicht hineinkommen. (16) Und er herzte sie und legte die Hände auf sie und segnete sie.

I. Die Härte des Gesetzes

Vielleicht ist es jemandem aufgefallen, dass ich mit dem Predigttext heute eine Auswahl getroffen habe. Denn unsere Perikopenordnung gibt eigentlich das vorangehende Textstück, die Verse Mk 10,2–12 an und setzt die kurze Erzählung von der Kindersegnung, die wir gerade gehört haben, nur noch in Klammern hinzu. Vor dieser Erzählung steht der Text, in dem Jesus von der Ehescheidung redet. In Gesprächen mit Kollegen über den Predigttext in dieser Woche – also dem Text über die Ehescheidung – habe ich gemerkt, wie schwer uns dieser Text heute im Magen liegt: „Ich bin ihm ausgewichen“ – hat mir ein Kollege ganz freimütig gestanden. „Was soll denn dieser Text heute?“ – hat mich eine Kollegin gefragt. Ich möchte diesem Text nicht ausweichen. Und deshalb werde ich auch auf diesen Text gleich noch einmal eingehen. Ich denke aber, dass wir diesen Text und ebenso das kurze Stück von der Kindersegnung nur verstehen, wenn wir den Zusammenhang betrachten, in dem der Evangelist Markus uns diese kurze Episode, die wir gewöhnlich als Schriftlesung bei der Taufe verwenden, erzählt.

Vor dieser Episode steht also das Stück von der Ehescheidung: Pharisäer, Menschen, die das Gesetz sehr ernst nehmen, kommen zu Jesus und fragen ihn, wie er über die Ehescheidung denkt: Darf sich ein Mann von seiner Frau scheiden? Nach dem Gesetz des Mose ist es erlaubt, einen „Scheidebrief“ zu schreiben und so eine Ehe aufzulösen. Eigentlich eine sehr moderne Lösung, so könnte man meinen. Denn bei uns ist die Praxis der Ehescheidung ja längst gängige Praxis geworden. Wir haben gelernt, dass

[19] Predigt am 20. Sonntag nach Trinitatis (18. Oktober 2015) in der Galluskirche Honau und in der Erlöserkirche Unterhausen.

es manchmal besser ist, dass zwei Menschen, die es nicht mehr miteinander schaffen, auseinandergehen. Wir haben gelernt, wie tief Menschen verletzt sein können nach einer gescheiterten Ehe und dass es nicht richtig ist, sie dafür auch noch zu verurteilen. Und deshalb liegt uns die Antwort, die Jesus den Pharisäern gibt, so unendlich schwer im Magen, wenn er über den „Scheidebrief" sagt: *„Um eures Herzens Härte willen hat Mose euch dieses Gebot geschrieben."* (Mk 10,12) Von Gott her aber gilt: *„Was nun Gott zusammengefügt hat, soll der Mensch nicht scheiden."* (Mk 10,9) Jesus lässt sich nicht darauf ein, den Willen Gottes, dass zwei Menschen sich aufeinander festlegen sollen, einfach abzuschwächen. Er verbietet es, dem Willen Gottes – wie unserem Predigttext – auszuweichen. Er lässt ihn erst einmal in seiner ganzen Schärfe und Härte stehen: *„Was nun Gott zusammengefügt hat, das soll der Mensch nicht scheiden."*

Wir werden damit auf einen Punkt gestoßen, der für uns *alle* – nicht nur für diejenigen unter uns, die vielleicht schon eine Scheidung erlebt haben – gilt. Wir Menschen machen die Erfahrung, dass wir in unserem Leben *scheitern* können. Wir haben uns etwas vorgenommen, was dann nicht funktioniert hat. Wir haben eine neue Aufgabe angefangen mit viel Elan, mit Idealismus und Leidenschaft – und sind dann wieder in den alten Trott aus Ernüchterung und Desillusionierung verfallen. Besonders deutlich sehen wir das manchmal am Beginn eines neuen Jahres, an dem wir uns etwas vornehmen: aufhören mit dem Rauchen, mehr Zeit für die Familie, mehr nach dem fragen, was uns wichtig ist usw. – und dann schon im Februar merken, dass auch das neue Jahr wie das alte ist. Wir Menschen kennen das Scheitern. Wir wissen, dass wir hinter dem, was wir eigentlich sein wollen, immer wieder auch zurückbleiben. Oder jedenfalls sollten wir das wohl wissen. Und das gilt eben auch in ganz besonderer Weise von unserem Verhältnis zu Gott: Wir sind nicht einfach immer schon mit Gott im Reinen. Es gibt vieles, was uns von Gott trennt. Es gibt manches, von dem wir nicht wollen, das irgendjemand es sieht – selbst Gott nicht, weil wir nicht dazu stehen könnten. Es irritiert mich, wenn mir jemand sagt, er sei mit sich vollständig im Reinen und mache immer alles richtig. Nein, diese Spannung zwischen dem, was wir sein sollen und was wir faktisch sind, sie gehört zu unserem Menschsein hinzu. Und auf diese Spannung weist Jesus uns mit seinem harten Wort von der Ehescheidung hin. Er sagt uns damit: Weicht eurem Scheitern nicht aus! Und auch das können wir doch verstehen: Es ist doch wirklich so, dass es uns nicht hilft, wenn wir Dinge, an denen wir gescheitert sind, verdrängen. Es ist doch wirklich so, dass es unendlich guttut, wenn wir aufhören können, uns für alles, was wir gesagt und getan haben, zu verteidigen. Wie schwer etwas über unserem Leben liegt, solange wir es verdrängen und uns ihm nicht stellen wollen. Manchmal bricht eine solche Einsicht in einem Gespräch auf, und dann beginnt ein Mensch zu weinen. Ich muss immer wieder an einen Satz denken, den der Pfarrer, der mich getauft hat, vor dem Abendmahl immer sagte: „Gott ist im Lachen, das verbindet; und im Weinen, das befreit." Ich glaube, dass das wahr ist. Dass Gott gerade da an uns wirkt, wo wir uns unser Scheitern eingestehen und zugeben, dass wir nichts anderes tun können, als um Vergebung zu bitten.

II. Das Evangelium von Jesus

Wie könnten wir aber leben, wenn wir bei diesem Scheitern einfach *stehen* bleiben würden! Und deshalb ist es so wichtig, dass der Evangelist Markus uns von der „Kindersegnung" erzählt! Denn auch in diesem Stück ist doch die ganze Härte des Gesetzes, die am Beispiel der Ehescheidung sichtbar wird, da. Sie ist da in der Gestalt der Jünger, die die Kinder, die zu Jesus kommen wollen, abweisen. Es sind wohlmeinende Menschen, die nach menschlichen Maßstäben denken: „Die Sache mit Jesus ist so wichtig, das ist noch nichts für Kinder!" Man muss erst erwachsen geworden sein und einiges gelernt haben, um mit Jesus diskutieren zu können. „Für die Kinder hat der vielbeschäftigte Jesus nun wirklich keine Zeit!" Und Jesus weist, seine Jünger, die ihn doch gerade im Blick auf die Ehescheidung als so hart erlebt haben, erneut zurück: *„Er wurde unwillig"*, heißt es, und er sagt zu ihnen: *„Lasst die Kinder zu mir kommen und wehret ihnen nicht; denn solchen gehört das Reich Gottes."*

Für die Jünger ein Schlag ins Gesicht: „Solchen gehört das Reich Gottes?" „Nicht uns? Nicht denen, die seit Monaten mit Jesus unterwegs sind, die ihm zuhören und doch schon einiges verstanden haben von dem, was Jesus sagt? Nicht denen, die ihr Leben lang das Gesetz Gottes studiert haben und genau wissen, was Gott von uns will?" Weil Jesus weiß, dass seine Jünger so denken, und weil er weiß, dass wir Menschen überhaupt dazu neigen, so zu denken, darum sagt er zu ihnen und damit auch zu uns: *„Wahrlich, ich sage euch: Wer das Reich Gottes nicht empfängt wie ein Kind, der wird nicht hineinkommen."*

Die Kinder sind für Jesus nicht ein Beispiel dafür – wie man das in früheren Zeiten oft ausgelegt hat –, für noch unschuldige Menschen, die noch keine Schuld auf sich geladen haben. Wer sich mit Kindern beschäftigt, der weiß, dass es auch unter ihnen schon sehr früh die Erfahrung gibt, dass der eine dem anderen ein Unrecht zufügt und es Dinge gibt, die miteinander geklärt und ausgeräumt werden müssten. Aber an den Kindern wird für Jesus etwas sichtbar, worauf es ihm ankommt: Sie können *empfangen.* Sie können sich *beschenken* lassen und sich über das Geschenkte *freuen.* Und das ist die Weise – die einzig mögliche Weise – in der man zu Gott, in Gottes Reich kommen kann: man kann dieses Reich nur empfangen, man kann es sich nur *schenken* lassen. Man kann es sich nur sagen lassen und es dann glauben: „Gott meint es gut mit dir. Er kommt zu dir, durch das, was dir zerbrochen ist in deinem Leben, hindurch. Er will dir sein Reich schenken, weil er dieses Reich nicht haben möchte ohne dich! Weil er will, dass dein Leben einen Platz in diesem Reich hat und Gott einen Platz hat in deinem Leben."

Die Kinder, die zu Jesus kommen, wollen nur eines von ihm: *„dass er sie anrühre"*. Sie wissen unwillkürlich, dass das das einzige ist, was ihnen guttut: dass sie zu Jesus kommen und dass er seine Hand auf sie legt und sie segnet. In *ihm*, in Jesus, ist der heilige Gott, zu dem wir Menschen von uns aus nicht kommen könnten, in ihm ist dieser Gott ganz da. In ihm kommt er zu uns. In ihm räumt er alles aus dem Weg, was zwischen uns und Gott steht, weil wir ihm so wichtig sind, dass er sein eigenes Leben einsetzt, um uns für sich zu gewinnen. In ihm rührt er uns an, legt er die Hände auf uns zum Segen, damit wir diesen Segen empfangen, einfach nur empfangen, ihn uns schenken lassen und mitten in unserem Leben Anteil bekommen an seinem ewigen Reich.

III. Die Gefahr des Reichtums

Was sich auf den ersten Blick so ganz einfach anhört, das ist in Wahrheit unendlich schwer, jedenfalls für uns, die wir dem Kindesalter entwachsen sind. Es fällt uns schwer etwas zu empfangen. Unser ganzes Leben ist darauf ausgerichtet, dass wir uns selbst etwas erarbeiten. Und darum erzählt uns Markus *nach* dem Stück von der Kindersegnung eine weitere Geschichte: die Geschichte vom reichen Mann (Mk 10,17–27). *„Guter Meister, was soll ich tun, dass ich das ewige Leben ererbe"*, fragt dieser Mann Jesus (Mk 10,17). Das ist unsere Frage: „Was muss ich tun, damit ich glücklich werde? Was brauche ich dafür, und was muss ich mir dafür aufbauen?" Und auch in diesem Gespräch macht Jesus noch einmal deutlich: Alles, was wir tun können, scheitert daran, wenn wir nicht empfangen können. Der reiche Mann soll schließlich alles aufgeben. Und dann heißt es: *„Er ging traurig davon, denn er hatte viele Güter."* (Mk 10,22) Und Jesus sagt über ihn: *„Wie schwer werden die Reichen in das Reich Gottes kommen!"* (Mk 10,23)

Wie schwer ist es geworden für uns, die wir im Wohlstand leben. Wie schwer ist es geworden, das Reich Gottes zu empfangen. Wie schwer ist es geworden, dass sich Menschen zwischen all dem, was täglich zu tun und zu erledigen ist, was als wichtig gilt bei uns, Zeit nehmen zum Hören. Zeit zu haben für den Nächsten, der mich braucht. Wie schwer ist es geworden, Zeit und Muße zu haben für Gott und sein Wort. Wie schwer ist es geworden, dass in all dem Trubel und Wohlstand Gott noch einen Platz in unserem Leben hat.

Heute kommt Gott zu uns. In dem Wort, das von seinem Kommen zu uns redet. In der Taufe, mit der wir zwei Kinder hineingenommen haben in sein Reich. Im Abendmahl, in dem er aufs Neue von uns nimmt, was uns von ihm trennt und uns sich selbst schenkt: ‚Das bin ich für dich! Nimm und iss! Lass dieses Wort eingehen in dein Herz! Höre und glaube es, dass in mir Gott zu dir kommt und dir Anteil gibt an seinem ewigen Reich!‘

11. Wir sollen Menschen sein (Tit 2,11–14)[20]

I. Ungläubiges Staunen

„Ungläubiges Staunen" – so könnte man die Reaktion der Hirten auf dem dunklen Feld in Bethlehem beschreiben, von der wir gerade wieder gehört haben. Als sich der Himmel über ihnen öffnet und sie wie ein Blitz die Botschaft des Engels trifft. Als ein grelles Licht aufleuchtet, das auf einmal die Dunkelheit ihrer Nacht zerreißt und sie unterbricht. Da heißt es von den Hirten: *„Und sie fürchteten sich sehr."* (Lk 2,9b) Es erschrickt sie, wie nahe ihnen Gott selbst auf einmal kommt. Gott, den sie doch fern über sich, im Himmel geglaubt haben. Die Hirten staunen über das, was geschieht. Und damit fängt es an.

„Ungläubiges Staunen" heißt ein Buch des Schriftstellers Navid Kermani, der in diesem Jahr den Friedenspreis des deutschen Buchhandels erhalten hat. Es ist ein faszinierendes Buch, das von der Begegnung eines muslimischen Intellektuellen mit der christlichen Kunst erzählt. Es ist ein Buch, das dazu anregt, wieder neu über das Wunder des christlichen Glaubens zu staunen, über das Wunder, das wir an diesem Abend feiern und das diese Nacht zu einer *heiligen* Nacht macht: das Wunder, dass Gott Mensch wird. Dieses Wunder nimmt der muslimische Schriftsteller Kermani gerade deshalb so scharf und deutlich wahr, weil er selbst *nicht* an dieses Wunder glaubt. Weil es für ihn nur den Gott gibt, der im Himmel ist und auch im Himmel bleibt, der eine, allmächtige Gott, der keinen Sohn hat, sondern bei sich selbst bleibt. Kermani zeigt uns, wie wir in der Begegnung der Religionen voneinander lernen können: nicht dadurch, dass wir alles zu einem Einheitsbrei vermischen und so tun, als sei das ohnehin alles das Gleiche. Sondern dadurch, dass wir unsere Eigenheiten wahrnehmen, das Besondere des jeweiligen Glaubens.

Staunen wir noch über das Wunder der Weihnacht? Erschrecken wir uns noch vor der Größe dessen, was da, in dieser Nacht in Bethlehem geschieht? Vielleicht müssen wir uns erst wieder von einem, der *nicht* an dieses Wunder glaubt, zeigen lassen, was diese

[20] Predigt an Heiligabend (24. Dezember 2015) in der Galluskirche Honau und in der Erlöserkirche Unterhausen.

Nacht für uns eigentlich bedeutet. Vielleicht kann er uns an diesem Abend wieder zum Staunen anregen und zum Hören darauf, was uns unser Predigttext aus dem Titusbrief über das Wunder der Weihnacht sagt (Tit 2,11–14). Ich lese den Text nach einer eigenen, zugegebenermaßen etwas freien, Übersetzung:

(11) Erschienen ist die Gnade Gottes, heilsam für alle Menschen. (12) Sie bildet uns, damit wir die Gottlosigkeit und die Wünsche nach den Maßstäben der Welt von uns weisen, besonnen und gerecht und vertrauensvoll in dieser Welt leben (13) als solche, die wir die glücklich machende Hoffnung und die Erscheinung des Glanzes des großen Gottes und unseres Retters Jesus Christus erwarten, der sich selbst für uns gegeben hat, damit er uns erlöse von aller Orientierungslosigkeit und sich selbst eine Gemeinde von Menschen auswählte, die ihm gehören und die darauf brennen, gut zu handeln.

Paulus *staunt* über das Wunder der Weihnacht. Er staunt darüber, dass dieser Mensch, dieses Kind in der Krippe *überhaupt da ist* in unserer Welt. Er staunt darüber, dass in diesem Menschen Gott selbst in unsere Welt kommt und unser Leben durch sein Kommen neu ausrichtet. Er staunt darüber, dass in diesem Menschen, in Jesus Christus, Gottes Gnade aufleuchtet in unserer Welt. Indem sie aufleuchtet und erscheint, nimmt sie auch all das, was wir an diesem Abend an Dunkelheit mitgebracht haben, an Sorgen und Zerstreutheit auf und reißt uns den Himmel für einen Moment auf wie in der Weihnachtsnacht die Dunkelheit der Nacht aufreißt, so dass das Licht uns blendet und wir zu staunen beginnen.

II. Wir sollen Menschen sein, nicht Gott

Staunend nehmen wir wahr, was da von diesem Kind gesagt wird, und was das, was da gesagt wird, für unsere Sicht auf Gott und auf uns Menschen bedeutet. Es hilft uns, dass Navid Kermani sich in seinem Buch an dieser Überzeugung stößt, ja sich stoßen muss. Auch der Islam, so Kermani, nähert sich dem Geheimnis Jesu Christi an, „allerdings nur in einer Richtung, in Richtung der Vergöttlichung des Menschen, nicht als Menschwerdung Gottes."[21] Für die Mystiker sei der Mensch Jesus ein Beispiel für die Vergöttlichung des Menschen, dafür, wie ein Mensch in seinem Leben Gott nahe kommt, für eine Vergöttlichung, die nicht auf diesen einen Menschen beschränkt bleibt, sondern der sich auch andere Menschen annähern können und sollen. Was Kermani hier sagt, das könnten wohl auch nicht wenige Christen sagen. So könnte man

[21] Navid *Kermani*, Ungläubiges Staunen. Über das Christentum, München 2015, 48.

vielleicht auch den Text unseres heutigen Abends verstehen, wenn es in der Lutherübersetzung heißt, dass die Erscheinung Gottes uns „in Zucht nimmt", zum guten Handeln verpflichtet.

Aber die Richtung der Weihnachtsbotschaft ist eben genau anders herum. Sie verläuft nicht von uns und unserem Handeln zu Gott, sondern von Gottes Handeln zu uns. Dietrich Bonhoeffer bringt diese Bewegung auf den Punkt, wenn er schreibt: „Während wir uns bemühen, über unser Menschsein hinauszuwachsen, den Menschen hinter uns zu lassen, wird Gott Mensch und wir müssen erkennen, daß Gott will, daß auch wir Menschen, wirkliche Menschen seien."[22]

„Wir sollen Menschen sein, nicht Gott – das ist die Summa", so hat Martin Luther seine Theologie einmal auf den Punkt gebracht und Bonhoeffer folgt ihm darin. Wir sollen Menschen sein, nicht Gott, das ist die Botschaft, die die Weihnachtsnacht uns bringt. Gottes Macht ist keine abstrakte Allmacht, die unsere eigenen Allmachtsphantasien beflügelt. Gottes Macht besteht in seiner Hingabe, darin, dass er ein Mensch wird wie wir und doch ganz anders, weil in diesem Menschen, in Jesus, eben *Gott* in unsere Welt kommt. Und so begründet die Weihnachtsbotschaft in einem tiefen Sinne unsere Humanität: Sie ist zuerst und vor allem ein Aufruf zur *Menschlichkeit*. Mensch zu sein, das bedeutet: sein Leben nicht sich selbst zu verdanken. Zu wissen, dass menschliches Leben zuerst und vor allem *Geschenk* ist. Nichts, das uns selbst gehört. Nichts, über das wir verfügen können. Deshalb sagt Paulus über das Weihnachtswunder: „Erschienen ist Gottes Gnade." Und diese Gnade ist *heilsam* für uns. Sie heilt uns davon, selbst Gott sein zu wollen.

Vielleicht meinen wir, dieser Gedanke läge uns ganz und gar fern. Aber schauen wir einmal darauf, was in unserer Welt geschieht: Da gibt es Bestrebungen, das Reich Gottes auf Erden in einem Staat zu verwirklichen und Menschen dafür zu töten. Da gibt es den Wahn, alles haben zu wollen, immer noch mehr Geld anzuhäufen, immer noch längere Arbeitszeiten durchzusetzen. Da gibt es die Vorstellung, wir müssten alles perfekt machen – oder eben gar nicht. Wir sollen Menschen sein, nicht Gott. Menschen, die um ihre Unvollkommenheit und um die Grenzen ihrer Kraft wissen und die trotzdem danach fragen, was beitragen können zu einem gelingenden Leben in unserer Welt. Wir sollen Menschen sein, nicht Gott, was für eine Entlastung! Wir müssen nicht selbst Gott sein, denn Gott kommt zu uns. Er erscheint mitten in unserer Welt in dem Kind in der Krippe. In dem Kind, in dem er einfach da ist. In dem Kind, in dem er unsere menschliche Geschichte zu *seiner* Geschichte macht. In dem Kind, das erst noch

[22] *Dietrich Bonhoeffer*, Ethik, zusammengestellt und herausgegeben von E. Bethge (1949), München [5]1961, 17. Bonhoeffer formuliert diese Sätze auch gegen Nietzsches Gedanken eines „Übermenschen".

gar nichts gesagt, nichts gelehrt, noch keinen Menschen geheilt und sich noch nicht als Vorbild erwiesen hat, dem wir nachfolgen müssten. In dem Kind, das zunächst einfach nur daliegt. In diesem Kind ist Gott da in unserer Welt. In diesem Kind erscheint seine Gnade, sein Geschenk.

III. Bildung aus Gottes Zuwendung

Lassen wir uns an diesem Abend an dieses Geschenk erinnern, wenn wir uns gegenseitig etwas schenken und nachher Geschenke bekommen! Fangen wir an, über das Wunder zu staunen, das wir an diesem Abend feiern. In dem Kind in der Krippe erscheint, so sagt es der Apostel an einer anderen Stelle zu Titus „die Freundlichkeit und Menschenliebe Gottes“ (Tit 3,4). Und diese Menschenliebe führt uns in die Freiheit. Sie engt uns nicht ein und nimmt uns nicht „in Zucht“, sondern sie bringt uns in Bewegung. Sie „bildet uns“, wie ich deshalb übersetzt habe. Gottes Gnade ist seine Pädagogik, seine Anleitung zum Leben, die er uns durch sein Kommen zu uns gibt. Die Weihnachtsbotschaft ist eine Botschaft der Freiheit, weil es Liebe nur in Freiheit gibt. Der Weg, auf den uns das Erscheinen der Gnade und Liebe Gottes führt, ist ein Weg in die Freiheit. Freiheit davon, unser Glück in dem zu suchen, was nach den Maßstäben unserer Welt Glück bringt. Freiheit davon, glauben zu müssen, dass unser Lebenswert davon abhängt, was wir in unserem Leben leisten. Freiheit davon, zu glauben, wir müssten uns erst selbst „verwirklichen“ – als seien wir nicht schon wirklich. Freiheit dafür, in unserem persönlichen Leben, mit unseren Stärken und Schwächen, unseren Möglichkeiten und Grenzen, das zu tun, was wir mit unseren Kräften tun können. Es mit Freude zu tun, nicht aus Zwang. Zu handeln, weil Gott längst an uns gehandelt hat. Wenn wir glauben, dass wir von der Zuwendung Gottes leben, dann erscheinen die, die in diesen Tagen zu uns kommen und uns um Hilfe bitten, in einem anderen Licht. Wenn wir glauben, dass wir von Gottes Kommen zu uns leben, dann fällt ein Licht auf unseren Nächsten, dem es guttut, wenn wir ihm zuhören und uns einen Moment für ihn Zeit nehmen. Wenn wir begreifen, dass wir von der Freude leben, die die Engel uns heute bringen, dann fällt ein Licht auf den anderen, der sich freut, wenn ihn ein anderer Mensch freundlich ansieht und ihm ein freundliches Wort sagt. All dies bekommt von der Weihnachtsnacht her seinen tiefen Sinn und seinen festen Grund. Denn in dem Kind in der Krippe ist erschienen, dass Gott ein menschenfreundlicher Gott ist. Kein Gott, der nach unserer Leistung rechnet und bestraft. Ein Gott, der will, dass wir unser Leben wagen und uns ausstrecken nach ihm, der das Leben ist.

Wenn wir darüber anfangen zu staunen, dann verändert uns diese Nacht. Nicht ein für alle Mal, sondern immer wieder neu. Nämlich so, dass sie unsere *Haltung* zum Leben zurechtrückt. Als solche, die wir von der Erscheinung der Gnade Gottes in unserem

Leben herkommen, gehen wir wieder auf die Erscheinung der Herrlichkeit Gottes in unserer Welt zu. Wir strecken uns nach ihr aus. Wir sehnen uns nach ihr. Wir müssen es wohl immer wieder neu lernen zu staunen. Denn die Weihnachtsbotschaft hat man nicht ein- für alle Mal begriffen. Deshalb feiern wir sie jedes Jahr wieder neu. Von dieser Botschaft kann man nur herkommen, indem man neu auf sie zugeht. Gott ist in unserer Welt da, indem er zu uns *kommt*, uns für einen Moment, wie den Hirten auf dem Feld, den Himmel aufreißt, damit wir seine Nähe erfahren und aus dieser Nähe heraus leben. Die Nähe des menschenfreundlichen Gottes macht uns zu Menschen, die warten, die etwas von Gott erwarten. Die auf sein Kommen in diese Welt hoffen und jetzt schon aus der Gewissheit heraus, dass er in diese Welt kommt, leben. Die sich heute den Himmel öffnen lassen und mitten in dieser Welt, in der es viel Dunkelheit gibt, einstimmen in das Lob Gottes, das die Engel im Himmel singen: „Ehre sei Gott in der Höhe. Und auf Erden Frieden den Menschen." Am Ende des Gottesdienstes werden wir deshalb miteinander singen: „Gloria in excelsis Deo" – „Ehre sei Gott in der Höhe". Weil unsere Welt diesen Hoffnungsgesang braucht. Weil sie Menschen braucht, die jetzt schon aus dem Staunen über das Wunder der Weihnachtsnacht leben. Nehmt diesen Engelsgesang darum heute mit in diesen Abend und in diese Nacht, damit sie euch zu einer *heiligen* Nacht wird, zu einer Nacht, in der euch Gott mitten in eurem Leben begegnet und zum Staunen bringt!

12. Erfüllung (Lk 1,1–4; 4,14–21)[23]

I. Ein Moment der Erfüllung

Es gibt Momente der *Erfüllung*. Da ergreift uns etwas – meist nur für einen Moment – ganz und gar. Da wird es uns warm ums Herz und wir spüren das Glück, dass uns nichts mehr fehlt und wir ganz gegenwärtig sein können. Da tritt das, was gewesen ist, in den Hintergrund und das, was auf uns zukommt, in die Ferne. Da sind wir ganz da und bereit für die *Gegenwart*. Fallen Ihnen solche Momente ein? Kennen Sie dieses Gefühl, das Gefühl der Erfüllung?

Ein Moment der Erfüllung kann es sein, wenn eine Mutter zum ersten Mal ihr gerade geborenes Kind sieht und es in den Armen halten kann. Ein Moment der Erfüllung kann es sein, wenn zwei Menschen, die sehnsüchtig aufeinander gewartet haben, auf einmal voreinander stehen und sich darüber freuen, dass der andere da ist. Ein Moment der Erfüllung kann es auch sein, wenn wir nach einem Streit auf einmal wieder den

[23] Predigt am Sonntag Septuagesimae (24. Januar 2016) in der katholischen Kirche Bruder Konrad in Unterhausen.

Weg zum anderen finden und zur Versöhnung kommen, wenn sich ein Konflikt löst und *Frieden* wird.

Von einem besonderen Moment der Erfüllung redet das Evangelium dieses Sonntags. Und es passt sehr gut zu der heute beginnenden ökumenischen Bibelwoche, dass der Evangelist Lukas – genauso wie das Buch Nehemia, das wir in der alttestamentlichen Lesung gehört haben (Neh 8,2ff) – von einem Moment der Erfüllung redet, der beim Lesen *der Bibel* geschieht. Beide – Nehemia wie Lukas – geben einen Einblick in den Gottesdienst Israels, der ein Element enthält, das wir auch in der christlichen Tradition bis heute bewahrt haben: das Verlesen der Bibel und das gemeinsame Hören auf sie. Jesus kommt in seine Heimatstadt Nazareth in die Synagoge und liest aus der Bibel vor. Und dann legt er den Text des Propheten Jesaja, den er vorgelesen hat, aus mit den Worten: *„Heute hat sich das Schriftwort, das ihr eben gehört habt, erfüllt!" (Lk 4,21, EÜ)*

Die Verheißung des Propheten hat sich erfüllt, weil *er* – Jesus – da ist. Und weil in ihm *Gott* ganz da ist: *„Der Geist des Herrn ruht auf mir; denn der Herr hat mich gesalbt. Er hat mich gesandt, damit ich den Armen eine gute Nachricht bringe; damit ich den Gefangenen die Entlassung verkünde und den Blinden das Augenlicht; damit ich die Zerschlagenen in Freiheit setze und ein Gnadenjahr des Herrn ausrufe." (4,18f EÜ)*

Was Jesaja verheißt, das sind die Zeichen der Heilszeit: Menschen, die arm sind und Angst haben vor der Zukunft, bekommen wieder Hoffnung; Gefangenen an Körper oder Seele, die sich nicht selbst befreien können, wird zugesprochen, dass sie frei werden können; Menschen, die blind sind, wird verheißen, dass sie wieder sehen können; Die, die am Boden sind, richten ihren Blick wieder auf. Das sind Dinge, nach denen wir Menschen uns sehnen, wenn wir in unsere Welt blicken. Wenn wir sehen, dass es uns oder einem anderen schlecht geht. Wenn wir beobachten, dass Menschen sich gegenseitig zerstören oder in sich gefangen sind. Wenn einen von uns eine schwere Krankheit ereilt – dann sehnen wir uns nach Heilung. Dann sehnen wir uns danach, dass Gott uns hilft und die Dinge, die uns in dieser Welt bedrücken, zurecht bringt. Und dann tritt Jesus auf und sagt: „Diese Verheißung ist jetzt erfüllt, weil ich da bin!" Ein ungeheurer Anspruch! Ein Anspruch, mit dem die Botschaft des Propheten Jesaja auf einmal ganz nah an uns heranrückt. Ein Anspruch, mit dem Jesus die Worte der Bibel in unsere Gegenwart hinein holt und uns sagt: ‚Diese Worte der Bibel reden nicht nur von der Vergangenheit, und auch nicht nur von der Zukunft, sie reden auch schon von der *Gegenwart*! Sie reden von eurem Leben, von dir und von mir! Die Geschichte, die die Bibel erzählt, ist *eure* Geschichte, in der ihr selbst vorkommt.' Das ist es, was Jesus uns mit seiner Auslegung dieses Prophetenwortes zeigt. Deshalb sagt er, dass dieses Wort nun erfüllt ist und dass es unser Leben nun ganz erfüllen soll, indem wir uns auf das Wort Jesu einlassen.

II. Jesus zeigt uns Gott neu

Weil die ersten Christen ganz davon erfüllt waren, dass in Jesus Gott selbst in die Welt gekommen ist, deshalb begannen sie ihre Bibel, unser Altes Testament, neu zu lesen. Es als ein Buch zu lesen, das in ihre *Gegenwart* hineinsprach, als ein Buch, das bereits von Jesus spricht. So begannen sie auch, das Buch des Propheten Sacharja, das im Zentrum unserer diesjährigen ökumenischen Bibelwoche steht, neu zu lesen. Denn dieses Buch enthielt eine große Verheißung, die mit der tiefen Sehnsucht zusammenhängt, von der ich gerade gesprochen habe. Mit der Sehnsucht nach Heilung unserer Welt, mit der Sehnsucht danach, dass Gott in unsere Welt eingreift und uns zum Leben führt.

Diese Sehnsucht ist im Judentum mit der Erwartung des *Messias* verbunden. In alter Zeit gab es in Israel einmal Könige, vor allem den König David, mit dem sich die Sehnsucht verbindet. Mit diesem König gab es – zumindest in der Erinnerung – eine Zeit, in der Gott für sein Volk einen Raum schuf, in dem es leben konnte. Das ist die Aufgabe eines Königs in Israel: dass er Gottes eigene Herrschaft zur Geltung bringt, indem er Räume schafft, in dem Leben möglich ist. Als das Königtum unterging, da musste Israel eine Erfahrung machen, die wir alle auch immer wieder machen müssen: Die Erfahrung, dass Gottes Wirken in unserer Welt oft nicht sichtbar ist. Dass es neben den schönen und guten Dingen auch das Traurige und Dunkle gibt, die Dinge, die uns am Leben hindern und uns zu schaffen machen. Die Sehnsucht nach Gott, nach seiner Gegenwart in unserem Leben, war deshalb in Israel meist mit der Erwartung eines „neuen David“ verbunden, in dem Gottes Herrschaft sichtbar werden sollte. Das Alte Testament ist vom Ringen um diese Hoffnung durchzogen. Der Prophet Sacharja steht in diesem Ringen. Aber bei ihm wandelt sich die Erwartung. Er begreift, dass Gottes Herrschaft nicht einfach das Gleiche wie eine weltliche Herrschaft sein kann. Er begreift, dass Gottes Herrschaft nicht mit Unterdrückung und Gewalt hergestellt werden kann. Es muss eine ganz andere Herrschaft sein, wenn wirklich Gott in unserer Welt herrscht, und nicht nur Menschen, die Gott für sich beanspruchen. Und so wandelt sich bei Sacharja die Hoffnung auf den Messias zur Erwartung des Friedenskönigs, der nicht durch militärische Gewalt, sondern durch Hingabe und Leiden in der Welt siegt. Darum kommt dieser König nicht auf einem Schlachtross, sondern auf einem Esel daher, einem Tier, mit dem man keinen Krieg führen kann: *„Siehe, dein König kommt zu dir, ein Gerechter und ein Helfer, arm und reitet auf einem Esel“ (Sach 9,9, LÜ).*

Es ist ein ganz anderer König, der daherkommt. Gottes Herrschaft ist ganz anders, als wir sie von ihm erwarten. Sie ist nicht einfach sichtbar, und sie leuchtet nicht jedem einfach ein. Sie geschieht im Verborgenen. Sie besteht in der Hingabe und Liebe, und sie gewinnt Raum bei denen, die dieser Herrschaft jetzt schon in ihrem Leben vertrauen.

III. Hören auf das Wort

An diese – ganz andere – messianische Hoffnung, mussten die ersten Christen denken, als Jesus ihnen begegnete. Denn auch sein Weg verlief ja ganz anders, als viele es von ihm erwarteten. Er führte nicht zum sichtbaren Triumph in der Welt, sondern ins Leiden und in den Tod – und gerade so ist Gott bei uns. Indem er selbst Mensch wird und alles, was dem Leben entgegensteht, auf sich nimmt, damit es uns nun nicht mehr von Gott trennt. Damit er auch all das, was wir in unserem Leben falsch machen, wo wir uns verfehlen, von uns nimmt, es auf sich selbst nimmt und aus der Welt schafft. Damit wir mitten in unserem Leben auf Gott vertrauen, an ihn glauben und so leben können.

Wir können an ihn glauben, weil er sich uns *in Jesus* zeigt. In dem, der sagt: „Dieses Schriftwort ist heute erfüllt!" Aber schon bald wird deutlich werden, dass viele Menschen diese Botschaft nicht hören wollen. Sie wünschen sich einen Gott, der ihnen ihre Wünsche erfüllt, einen, der so herrscht, wie sie es von ihm erwarten und wie wir es von weltlichen Herrschern kennen. Einen, der sie selbst nicht in Frage stellt und ihnen nicht zumutet, dass sie sich verändern müssen. Und darum wird Jesu Botschaft in unserer Welt *abgelehnt*.

Sie wird abgelehnt bis heute, und manchmal denke ich: Sie wird es immer mehr. Sie wird abgelehnt in einer Weise, die uns manchmal vielleicht gar nicht mehr auffällt, weil wir uns daran gewöhnt haben. Sie wird abgelehnt, so wie Jesus in Nazareth abgelehnt wird. *„Ist dieser nicht der Sohn Josefs?" (Lk 4,22b)*, fragen die Leute in Nazareth. Sie reduzieren ihn auf seine menschliche Herkunft. Sie machen Jesus zu einem Menschen wie Du und ich. Und damit verfehlen sie ihn. Der Evangelist Lukas hat uns ja in der Weihnachtsgeschichte erzählt, dass Jesus eben *nicht* der Sohn Josefs, und eben auch nicht nur der „Sohn Marias" (Sure 4,171) ist. Er hat uns erzählt, dass Jesus *Gottes eigener Sohn ist*, der, in dem Gott in die Welt kommt und ein Mensch wird. Und darum kann uns dieser Mensch wirklich Gott zeigen. Darum kann er den Anspruch erheben, dass sich in ihm die Verheißung erfüllt. Darum sollen wir uns von ihm und durch ihn Gott *zeigen lassen*.

Und genau dafür brauchen wir *die Bibel*. Weil sie das Zeugnis von Jesus enthält. Darum erinnert der Evangelist Lukas am Beginn seines Evangeliums daran, dass uns *die Apostel* berichtet haben, wer Jesus ist (Lk 1,2). Nicht so, dass sie die Geschichte selbst erfunden und Jesus zum Sohn Gottes *gemacht* hätten, sondern so, dass er sich ihnen als der Auferstandene *gezeigt* hat und ihnen das Zeugnis anvertraut hat, in dem uns Jesus selbst als der Auferstandene und Gegenwärtige begegnet. Nicht so, dass wir uns selbst zurechtlegen, wer dieser Jesus für uns ist, sondern so, dass wir es uns von den Zeugen, deren Zeugnis die Bibel uns bringt, *sagen* lassen und es zu glauben wagen.

Und deshalb, liebe Schwestern und Brüder, liegt nun auf dem Lesen der Bibel eine große Verheißung. Es liegt die Verheißung auf ihr, dass uns im gemeinsamen Lesen der Bibel *er selbst* begegnet. Er, Jesus Christus, der unser gemeinsamer Herr ist, der uns als Christinnen und Christen über die Konfessionsgrenzen hinweg verbindet und uns zu *einer* Kirche, zur Kirche Jesu Christi macht. Er, der die Texte der Bibel durch seinen Geist ganz in unsere *Gegenwart* hinein holt, so dass wir sie als ein Wort hören können, das uns heute gilt, eine Botschaft, die uns je und je neu erfüllen und so zu glaubenden und darum hoffenden Menschen machen kann. Lassen wir uns auf diese Verheißung ein! Machen wir uns gemeinsam auf den Weg, im gemeinsamen Lesen der Bibel *ihm* zu begegnen! Vertrauen wir ihm, dass er uns diese Verheißung erfüllt und uns seine Gegenwart schenkt, die uns froh macht.

13. Der weinende Petrus (Mt 26,31–35.69–75)[24]

I. Der weinende Petrus

„In dieser Nacht werdet ihr alle Ärgernis nehmen an mir." (Mt 26,31) So spricht Jesus von jener Nacht, an die wir heute Abend denken, an jenem Abend, den wir den „Gründonnerstag" nennen: nach dem letzten Abendmahl im Kreise seiner Jünger. Auch Petrus ist an diesem Abend bei ihm, und auf ihn richtet sich heute unser Blick. Mit ihm, mit Petrus, sitzen auch wir an diesem Abend am Tisch mit Jesus und hören dieses schwer begreifbare Wort, das er über diese Nacht zu uns sagt: *„In dieser Nacht werdet ihr alle Ärgernis nehmen an mir. Denn es steht geschrieben (Sacharja 13,7): ‚Ich werde den Hirten schlagen, und die Schafe der Herde werden sich zerstreuen.'"* Dieses Wort bewahrheitet sich an Jesus und an Petrus, aber Petrus will es nicht wahrhaben, er sträubt sich dagegen. Er sträubt sich nicht nur dagegen, dass Jesus sterben muss, nein, er sträubt sich dagegen, dass dieses Sterben mit ihm, mit Petrus, etwas zu tun hat. Er sträubt sich dagegen, dass auch er, Petrus, „Ärgernis nehmen" wird an Jesus, dass er scheitern wird: *„Wenn sie auch alle Ärgernis nehmen, so will ich doch niemals Ärgernis nehmen an dir!"* (Mt 26,33) Das ist nicht einfach Selbstüberhebung, und schon gar nicht Scheinheiligkeit, es ist der Eifer eines Menschen, der ganz und gar für Jesus brennt, und der ihm mit seinem ganzen Leben folgen will. Zu diesem, dem für ihn brennenden Petrus, sagt Jesus dieses harte Wort: *„Wahrlich, ich sage dir: In dieser*

[24] Predigt am Gründonnerstag (24. März 2016) in der Johanneskirche Unterhausen.

Nacht, ehe der Hahn kräht, wirst du mich dreimal verleugnen." (V. 33) Und so kommt es, gerade haben wir es in der Schriftlesung gehört: Petrus verleugnet seinen Herrn aus Angst. Und dann kräht der Hahn, wie ein Signal, das dem Petrus mitten durchs Herz geht. Ein Signal, das sein Versagen benennt und feststellt. Da geht Petrus *„hinaus und weinte bitterlich"* (Mt 26,75).

II. „Die Verleugnung des Petrus" von Max Ingrand

Auf dem Bild mit dem Titel „Die Verleugnung des Petrus", das Sie in den Händen halten, rückt der Künstler den Petrus ins Licht. Es ist das letzte der drei „Gesichter der Passion", mit deren Betrachtung wir in diesem Jahr die Karwoche begangen haben. Ein heller Kreis im oberen Teil des Bildes lässt die Gesichtszüge des Petrus hervortreten. Er wirkt wie ein Heiligenschein, den wir aus der Malerei kennen und der die Verbindung mit dem Heiligen – mit Gottes Gegenwart – anzeigt. Aber der, der uns dort anblickt, ist kein strahlender Heiliger, so wie wir dieses Wort oft verstehen. Keiner, dem das, was er erlebt, nichts anhaben kann, weil er ja den Kontakt zu Gott hat. Wie zwei dunkle Höhlen wirken seine Augen. Sein Gesicht ist eingefallen, gezeichnet vielleicht von Trauer, die Lippen aufeinandergepresst. Es ist der traurige Petrus, der gleich bitterlich weinen wird, den der Künstler uns mit diesem Bild zeigt.

Achten wir auf die Details, mit denen Petrus dargestellt wird! Hinter dem Gesicht, teilweise vom Lichtkegel berührt, ist ein Boot zu erkennen. Es erinnert an die Herkunft des Petrus als Fischer am See Genezareth. An den Beruf, den er ausübte, als Jesus in sein Leben trat und ihn aufforderte, ihm zu folgen. Das mit Blau angedeutete Wasser unter dem Boot ist in Tropfenform dargestellt: Sind das die Tränen des Petrus? Das Boot ist in Bewegung geraten, es schwimmt aus dem Bild heraus. So ist das Leben des Petrus durch die Begegnung mit Jesus in Bewegung geraten: Nichts ist mehr wie vorher. Er hat sich aufgemacht auf den Weg mit Jesus. Er hat gesehen, was auf diesem Weg geschah: Blinde wurden sehend, Lahme konnten wieder gehen, Hungernde wurden satt, Hoffnungslose gewannen Vertrauen. Diese Begegnung hat das Leben des Petrus verändert. In seinem Gesicht ist sein ganzes Leben enthalten. Der Moment seines Scheiterns betrifft sein ganzes Leben. Alles, was er erlebt hat mit Jesus, steht in diesem Moment auf dem Spiel. Und darum weint Petrus.

Mich fasziniert die Gestalt des Petrus, weil ich mich selbst in ihr wiederfinde. Wir kennen doch beides: die Begeisterung und das Verzagen, die Energie, die uns ergreift und die Kraftlosigkeit, die Freude am Leben und die Trauer, das, was uns gelingt, und das, woran wir scheitern. All dies ist in der Gestalt des Petrus konzentriert. Und *so*, als einer, der das alles kennt, ist Petrus ein Heiliger. Einer, der im Kontakt mit Jesus steht und stehen bleibt – trotz allem. Vielleicht ist er Jesus in keinem Moment so nahe wie in dem Moment, als er weint und einsieht, dass er ganz und gar auf Jesus angewiesen bleibt. Sein Gesicht ist ja schräg nach oben gerichtet, in einer erwartungsvollen Haltung. Petrus kommt von der Begegnung mit Jesus her, aber er geht gleichzeitig auch wieder auf diese Begegnung zu. In dieser Nacht, in der alles verloren zu sein scheint. Und so ist es auch mit uns. Wir denken an diesem Abend daran, dass Jesus für uns in den Tod geht. Wir bringen die Dinge mit, die bei uns dunkel sind. Wir bringen unsere Erfahrungen des Scheiterns, der Hoffnungslosigkeit und der Trauer an diesem Abend mit an den Tisch, an den Jesus uns einlädt. An dem er uns seine Gegenwart für einen Moment schenkt und uns begegnet.

III. Schlüssel und Hahn

Petrus, das sind wir: Scheiternde und Heilige. Zwei Symbole, die aus der kirchlichen Kunst bekannt sind, charakterisieren auch auf diesem modernen Bild den Petrus. In der Mitte im unteren Teil des Bildes der Schlüssel. An ihm ist Petrus auf Bildern zu erkennen. Er erinnert an das Wort, mit dem Jesus ihm den Namen „Petrus“ gegeben hat. Petrus heißt ja „der Fels“: *„Du bist Petrus, und auf diesen Fels will ich meine Kirche bauen, und die Pforten der Hölle sollen sie nicht überwältigen. Ich will dir die Schlüssel des Himmelreichs geben: Alles, was du auf Erden binden wirst, soll auch im Himmel gebunden sein, und alles, was du auf Erden lösen wirst, soll auch im Himmel gelöst sein.“* (Mt 16,18f) „Fels“ ist Petrus, weil er das Bekenntnis gesprochen hat, mit dem er sein Leben ganz und gar Jesus übergeben hat: *„Du bist Christus, der Sohn des lebendigen Gottes!“* (Mt 16,16) Wo ein Mensch dieses Bekenntnis sprechen kann, da hat Gott selbst ihm das Herz dafür geöffnet. Da wird er zu einem „Heiligen“, zu einem, der zu Gott gehört. Da, wo wir darauf vertrauen, dass der heilige Gott selbst in diesem Jesus da ist, der uns an seinen Tisch lädt, bevor er für uns in den Tod geht. Der je und je zu uns kommt, wenn wir das Abendmahl in seinem Namen feiern. Ein „Heiliger“ ist einer, der wie Petrus darum weiß, dass er aus der Begegnung mit Jesus heraus lebt. Diesem Petrus wird der „Schlüssel zum Himmelreich“ gegeben. In der Begegnung mit Jesus dem Gottessohn, berühren sich Himmel und Erde und bringen unser Leben in Bewegung.

Aber dann gibt es da eben auch noch ein zweites Symbol, das auf den ersten Blick vielleicht gar nicht zu erkennen ist. Die linke Hand des Petrus, von uns aus gesehen am rechten Bildrand, könnte mit Daumen und Fingern, die gelb hinterlegt sind, die Gestalt eines Hahnes andeuten. Jener Hahn, der auf vielen evangelischen Kirchtürmen zu sehen ist und an die Nacht erinnert, als Petrus Jesus verrät. Jener Hahn, der daran erinnert, dass wir Menschen scheitern können und dass wir dies auch immer wieder tun. Es irritiert mich, wenn Christenmenschen sich zu sicher sind, dass sie selbst alles richtig machen und am besten noch wissen, was andere falsch machen. Wenn sie zu wissen meinen, wer gerecht ist und wer ganz bestimmt sündigt, weil er anders ist als man selbst oder als es die Tradition, aus der man kommt, will. Der Hahn erinnert daran, dass wir auch als Christenmenschen noch scheitern. Dass wir Neuanfänge brauchen in unserem Leben, immer wieder. Dass wir angewiesen bleiben auf die Begegnung mit Jesus.

Petrus will erst nicht begreifen, dass Jesus auch für ihn in den Tod geht. Und das ist es, was er beim Krähen des Hahnes lernt: Dieser Tod geschieht für uns. In diesem Tod nimmt Jesus unser Scheitern, unsere Ängste und Zweifel, alles, was sich zwischen uns und Gott drängt, mit ans Kreuz. Damit wir Gott wieder aufs Neue begegnen können. Damit er unser Leben erleuchtet.

Schon heute, in dieser Nacht, an diesem Abend, an dem wir mit Petrus an Jesu Tisch sitzen, fällt ein Licht auf unser Gesicht. Da leuchtet ein Lächeln auf, eine Ahnung, dass sich das Leben als stärker erweisen wird. So wie auf das Gesicht des Petrus ein Licht fällt – von ferne her, so dass wir die Lichtquelle selbst auf dem Bild nicht sehen können. Es erinnert daran, dass dieses Abendmahl, das Jesus mit seinen Jüngern feiert, nicht nur ein Abschiedsmahl ist, sondern auch eine erneute Begegnung verheißt. *„Wenn ich aber auferstanden bin, will ich vor euch hingehen nach Galiläa.“* (Mt 27,32) Petrus und die Jünger, die Jesus verraten haben, die an ihm gescheitert sind, werden die ersten sein, denen der auferstandene Jesus begegnet (Mt 28,9f). In der frühchristlichen Tradition gilt Petrus als der erste Auferstehungszeuge (Lk 24,34; 1Kor 15,5). Er, der, der für Jesus brennt und doch auch an ihm scheitert. Wie unendlich tröstlich ist das! Denn wenn Jesus mit einem wie Petrus Kirche bauen kann, dann kann er es auch mit uns!

Lassen wir uns darum von Jesus wie Petrus an seinen Tisch einladen, an dem er uns begegnet und sich uns selbst schenkt. Bringen wir ihm das Starke und auch das Schwache in uns, damit Jesus es in der Begegnung mit sich verwandelt.

14. Der leidende Hirte (1Petr 2,21–25)[25]

(21) Christus hat für euch gelitten und euch ein Vorbild hinterlassen, dass ihr nachfolgen sollt seinen Fußtapfen; (22) er, der keine Sünde getan hat und in dessen Mund sich kein Betrug fand; (23) der nicht widerschmähte, als er geschmäht wurde, nicht drohte, als er litt, er stellte es aber dem anheim, der gerecht richtet; (24) der unsre Sünde selbst hinaufgetragen hat an seinem Leibe auf das Holz, damit wir, der

[25] Predigt am Sonntag Misericordias Domini (10. April 2016) in der Galluskirche Honau und in der Erlöserkirche Unterhausen.

Sünde abgestorben, der Gerechtigkeit leben. Durch seine Wunden seid ihr heil geworden. (25) Denn ihr wart wie die irrenden Schafe; aber ihr seid nun bekehrt zu dem Hirten und Bischof eurer Seelen.

I. Vom Umgang mit Leid und Unrecht

Mit der Passionszeit liegt die Leidenszeit hinter uns. Wir haben Ostern gefeiert: den Sieg des Lebens über das Leid und den Tod. Am vergangenen Sonntag haben wir gehört, dass wir durch die Auferstehung Jesu Christi von den Toten „wiedergeboren sind zu einer lebendigen Hoffnung" (1Petr 1,3), wie der Erste Petrusbrief schreibt, aus dem auch unser heutiger Predigttext stammt. Damit ist uns die Auferstehungswirklichkeit ganz nahe gekommen, mitten hinein in unser Leben. „Auferstehung" ist kein spektakuläres Mirakel, keine realitätsferne Annahme, sondern eine ernst zu nehmende Vision: eine Perspektive auf das Leben, die unsere Sicht verändern kann, wenn wir uns auf sie einlassen. Auferstehung ist als *Hoffnung* da, und Christen sind Hoffende, das ist ihr Wesensmerkmal.

Und trotzdem tun wir uns als Menschen mit der Auferstehungshoffnung immer wieder auch schwer. Wir tun uns deshalb damit schwer, weil sie im Widerspruch steht zu vielem, was wir in unserem Leben erfahren: Wir erleben Krankheit und Tod, wir erleben, dass Beziehungen zwischen Menschen zerbrechen, wir können in Situationen geraten, in denen wir nicht mehr weiter wissen, in Ängste, aus denen heraus wir uns nicht befreien können. Wir können in Täler geraten, in denen uns die Botschaft der Auferstehung nicht erreicht. Das Thema des Osterfestes und die Erfahrungen unseres alltäglichen Lebens treten oft in einen scharfen Widerspruch.

An dieser Stelle holt uns der heutige Sonntag mit dem Namen „Miserikordias Domini", der von Gottes Güte und Barmherzigkeit (nach Psalm 33,5b: *Der Güte des Herrn ist die Erde voll*) redet, ab. In diese Situation schreibt der Verfasser des Ersten Petrusbriefes hinein. Denn die ersten Christen waren keine weltfremden Träumer. Die Auferstehungsbotschaft war auch am Anfang nicht einfach nur etwas für Phantasten. Wir hören im Neuen Testament von Menschen wie uns, die unter denselben grundsätzlichen Lebensbedingungen leben wie wir. Von Menschen, die zweifeln und manchmal den Mut sinken lassen. Von Menschen, die die Osterbotschaft gehört haben und in ihrem Alltag merken, dass sie in Spannung steht zu vielem, was sie in ihrem Leben erfahren. Von Menschen, die Krankheit und Tod kennen. Und die es trotzdem wagen zu glauben. Das macht diese Texte so wertvoll. Darum hören wir immer wieder aufs Neue auf sie. Darum haben sie uns heute noch etwas zu sagen.

Durch den Ersten Petrusbrief bekommen wir einen Einblick in den Alltag der damaligen Christen. Offensichtlich gab es unter ihnen einige Sklaven. Für sie stellt sich die Frage, wie ihr christlicher Glaube und ihre Zugehörigkeit zur Gemeinde ihr Leben eigentlich verändert. Sie stehen damit vor derselben Frage, vor der auch wir stehen: Was verändert der Osterglaube an unserem Leben? Wie wirkt er hinein in den Alltag unserer Welt? Denn darin bewährt sich der Glaube. In unserem Alltag, in dem wir im Beruf mitunter harte Entscheidungen zu treffen haben und in dem sich dann die Frage stellt, ob wir zum Beispiel bereit sind, den Menschen über das zu stellen, was aufgrund reiner Kosten-Nutzen-Erwägungen sinnvoll wäre. Der heute so oft zitierte Satz, dass Religion Privatsache sei, ist ein falscher Satz, wenn er ausblendet, dass man den Glauben nicht in der Kirche lassen und den Alltag Alltag sein lassen kann. Wenn unsere Gesellschaft in diesem Sinne „Neutralität" von uns fordert – und es gibt Anzeichen, dass sie das mehr und mehr tut – dann müssen wir uns dagegen wehren. Der christliche Glaube kann und darf sich nicht aus dem öffentlichen Raum, nicht aus dem Berufsleben und aus der Alltagswelt herausdrängen lassen. Er kann und er darf es nicht, weil er damit in Widerspruch zu seinem eigenen Inhalt treten und sich damit selbst verleugnen würde. Denn christlicher Glaube ist Glaube an den menschgewordenen Gott. Es ist der Glaube, dass Gott nicht einfach nur im Himmel ist und wir auf der Erde sind, sondern dass Gottes Wirklichkeit mitten in unserer Welt da ist und mitten in unsere Welt hinein wirken will und wirken kann.

II. Der leidende Hirte

Und deshalb ist die Antwort, die der Erste Petrusbrief den Sklaven im Alltag der damaligen Zeit gibt, auf den ersten Blick eine Enttäuschung. Denn er ruft die Sklaven nicht dazu auf, ihren Stand einfach zu verlassen und die Strukturen, in denen sie leben, zu durchbrechen. Er ermahnt sie im Gegensatz dazu, sich in die Strukturen, die sie nicht ändern können, zu fügen. So schreibt er: „Ihr Sklaven, ordnet euch in aller Furcht den Herren unter, nicht allein den gütigen und freundlichen, sondern auch den wunderlichen. Denn das ist Gnade, wenn jemand vor Gott um des Gewissens willen das Übel erträgt und leidet das Unrecht." (1Petr 2,18f)

Wir wissen, dass diese Gedanken auch schlimme Folgen haben konnten, nämlich dann, wenn man sie dazu verwendete, bestehende Strukturen zu rechtfertigen, z.B. in der Zeit des Nationalsozialismus. Auch heute müssen wir darüber nachdenken, wo wir bestehende Strukturen kritisieren und verändern versuchen müssen. Was der Erste Petrusbrief hier sagt, kann nicht als Rechtfertigung für jedes Gesellschaftssystem herhalten. Christlicher Glaube kann manchmal auch den politischen Widerstand fordern. Der Erste Petrusbrief macht uns aber auf etwas anderes aufmerksam, das für uns wichtig ist, weil es unser Leben beschreibt: Wir können nicht alles ändern. Es gibt Strukturen, aus denen kommen wir nicht heraus. Und es gibt Widerfahrnisse, an denen wir nicht vorbeikommen: Krankheit, Leiden und Tod. Angesichts solcher Erfahrungen stellt sich die Frage, wie wir damit umgehen. Wie begegnen wir Leid und Unrecht? Was machen wir damit, dass wir vieles nicht ändern können?

Der Erste Petrusbrief sagt uns: Gerade in solchen Situationen wird deutlich, wovon wir uns leiten lassen. Gerade dann, wenn wir etwas erleiden müssen, weil wir es nicht ändern können, ist es entscheidend, worauf unser Leben ruht und was ihm seine Richtung gibt. Für mich war in dieser Hinsicht meine Bundeswehrzeit lehrreich. Wenn wir in einem Zimmer mit zehn Kameraden zusammen waren, früh in der Nacht aufstehen und bis spät abends im Gelände unterwegs waren, wenn wir Nächte durchwachen und gemeinsam Befehle des Unteroffiziers ausführen mussten, dann stellte sich schnell heraus, auf welchen der Kameraden man sich verlassen konnte. Eine Szene ist mir besonders eindrücklich in Erinnerung: Da waren wir zusammen im Gelände unterwegs, jeder mit einem 20kg-Marschgepäck beladen. Einer der Kameraden war aus Gesundheitsgründen vom Tragen des Rucksacks befreit. Immer dann, wenn wir Halt machten, legten wir unsere Rucksäcke ab, und immer blieb einer liegen, so dass einer von uns ihn zusätzlich zu seinem eigenen vor den Bauch nehmen und tragen musste. Als wir loszogen, stand ein Kamerad nach dem anderen auf und ging. Es gab nur wenige, die den Rucksack aufnahmen und die Last des zusätzlichen Gepäcks miteinander teilten. Sie wichen der Situation nicht aus. Sie nahmen sie auf sich. Gemeinsam. Und daran wurde deutlich, wer von ihnen einen Charakter hatte, auf den man sich verlassen konnte und wer nicht.

Ganz ähnlich sagt der Erste Petrusbrief nun: In eurem Verhalten in Leidenssituationen wird deutlich, was Euer Leben bestimmt und wer ihr seid, wovon ihr euch leiten lasst. Aber dieses Leitbild finden die Christen eben nicht in sich selbst. Sie finden es in einem anderen: in dem leidenden Christus. Er ist das Vorbild in dem Sinne, dass er mit seinem Leben und Sterben, mit seinem Leiden, Fußspuren hinterlassen hat, in die wir zwar nicht einfach hineintreten, denen wir aber folgen können, die uns die Richtung weisen. Sein Vorbild liegt darin, dass er „nicht widerschmähte, als er geschmäht wurde, nicht drohte, als er litt“, sondern es Gott selbst überließ, dort für Gerechtigkeit zu sorgen, wo wir Menschen es nicht tun können. Jesus, der Sohn Gottes, ging deshalb nicht am Leiden und am Tod vorbei, sondern in sie hinein und durch sie hindurch. Und so wurde er uns zum „Hirten“. Zu jenem Hirten, von dem der 23. Psalm, den wir vorhin miteinander gebetet haben, spricht. Zu einem Hirten, der bei uns ist auch im finsteren Tal des Leidens und der Todesschatten. Der uns Stecken und Stab ist und uns tröstet, wenn wir es brauchen. Der uns durch das Tal hindurchführt an Gottes Tisch, in seine Gegenwart. Nicht nur am Ende des Lebens, sondern mitten im Leben, immer wieder neu. Er ist der leidende Hirte. Der Hirte, der nicht selbst dem Leiden ausweicht und seine Herde verlässt, sondern für seine Herde ins Leid geht, weil die Herde ihm gehört und er sie nicht verlässt. Darin erweist er sich als der Sieger. Seine Auferstehung blendet das Leid, das es bis heute geht, nicht aus. Aber sie nimmt ihm die Macht, über uns zu bestimmen, uns zum Leitbild zu werden.

III. Der gute Hirte als sacramentum und exemplum

Denn das ist ja die Gefahr, die im Leiden liegt: dass wir das Leben und den Gott des Lebens darüber aus dem Blick verlieren. Dass wir uns leiten lassen von der Ungerechtigkeit und dem Tod. Dass wir uns ihnen ergeben und einfach sagen: „Da kann man halt nichts machen. Die Welt ist halt so." Der Widerstand gegen krankmachende Strukturen und dann auch gegen Krankheit und Tod beginnt da, wo wir ihnen nicht länger das letzte Wort lassen. Wo wir ihnen nicht länger zugestehen, über uns zu bestimmen. Ich kann es nicht ändern, dass ich krank werde und Menschen sterben. Aber ich lasse mir die Hoffnung nicht nehmen, dass das nicht das letzte Wort ist. Ich kann es nicht ändern, dass wir Menschen aneinander scheitern und dass es Ungerechtigkeit in dieser Welt gibt. Aber ich finde mich nicht damit ab und lasse es mir nicht nehmen, immer wieder neu nach Wegen zur Gerechtigkeit zu suchen in meinem Umfeld und in unserer Welt.

Wir Christen können das wagen, weil wir wissen, dass wir es nicht aus eigener Kraft schaffen müssen. Denn Jesus ist nicht nur ein Vorbild, dem wir es gleichtun müssen. Daran könnten wir nur scheitern. Jesus ist zuerst einmal der, in dem Gott selbst an unserer Welt leidet, uns sucht und uns die Kraft gibt, mit ihm aufzustehen zum Leben. Heute, morgen, mitten in unserem Leben. So leuchtet das Osterlicht in unser Leben hinein. So hören wir durch das Stimmengewirr des Alltags die Stimme des guten Hirten, der für uns leidet und stirbt und dann aufersteht, damit das Leben am Ende gewinnt. Werden wir aufmerksam für diese Stimme! Öffnen wir uns diesem Hirten! Damit er uns an der Hand nimmt und uns durch unser Leben leitet.

15. Die Torheit des Kreuzes (1Kor 1,18–25)[26]

I. Schwer zu glauben

„Wie kann man das heute noch glauben?" Manche Leute wundern sich schon, wenn man sich als Christ outet. Für viele Menschen scheint der christliche Glaube überholt

[26] Predigt am fünften Sonntag nach Trinitatis (26. Juni 2016) in der Galluskirche Honau.

zu sein, keine Möglichkeit für den modernen, aufgeklärten Menschen. Irgendwie scheint es manche durchaus zu faszinieren, wenn jemand sich zu Jesus bekennt und ein Leben im Glauben an Gott wagt. Aber *sich selbst* zu Jesus zu bekennen, *selbst* ein Leben mit Gott zu wagen, dazu ist es meist doch noch ein weiter – für viele ein *zu* weiter – Schritt. „Wie kann man das heute noch glauben?", bleibt dann als Frage im Raum stehen, auf die man keine Antwort erwartet.

Die Infragestellung des Glaubens kann dabei unterschiedliche Gründe haben, von denen ich drei nennen möchte:

Da gibt es Menschen, die sehen den Glauben als überholt an von den Erkenntnissen der Natur- und Geschichtswissenschaft. Beide Wissenschaften haben für manche Menschen geradezu einen Absolutheitsanspruch, sie können vermeintlich alles, was ist, erklären. Die Texte der Bibel müssen *naturwissenschaftlich* und *historisch* „wahr" sein, damit man sie anerkennt. Sonst fragt man: „Wie kann man heute noch glauben?"

Die zweite Frage ist sehr viel praktischer, sie lautet: „Was bringt mir das?" Was bringt es mir, wenn ich glaube? Gewinne ich dadurch Glück, vielleicht auch Erfolg oder sogar körperliche Heilung? Wir sehen heute ein rasantes Wachstum charismatischer Gemeinden, in denen Heilungsgottesdienste gefeiert und Wunder scheinbar vollzogen werden. Aber auch viele Konfirmandinnen und Konfirmanden stellen vielleicht die Frage: „Was bringt mir das?"

Die Frage, die wohl die ernsteste Frage ist, ist die existentielle Frage: „Wie kann Gott das zulassen?" „Wie kann ich an einen Gott glauben, wenn es in der Welt so viel Leid gibt? Wie kann ich an Gott glauben, wenn mir selbst Leid widerfahren ist oder ich einen geliebten Menschen verloren habe?" Dann fällt der Glaube schwer. „Wie kann man das heute noch glauben?"

Diese Frage, liebe Gemeinde, setzt dabei eines voraus: Sie setzt voraus, dass es heute schwerer ist zu glauben, als es früher war. Ist Glauben heute schwerer als zu anderen Zeiten?

Wenn wir ins Neue Testament schauen, dann merken wir: Die Fragen, die hinter der einen Frage stehen, stellen sich *nicht* erst seit heute. Sie stellt sich *von Anfang an*. Sie stellt sich bereits für Paulus in seiner Gemeinde in Korinth. Auch dort gab es viele gebildete Menschen, die auf die Wissenschaft und die Philosophie bauten. Auch dort gab es Menschen, die nach Beweisen und Zeichen für die Existenz Gottes fragten. Auch dort gab es Menschen, die das, was die Christen sagten, nur für Unsinn halten konnten. Aus dieser ersten Zeit ist eine Karikatur erhalten, die einen Gekreuzigten mit einem Eselskopf zeigt und darunter die Unterschrift: „Alexamenos betet seinen Gott an.“ Beißender, verletzender Spott, der über die Christen ausgeschüttet wird, nicht erst heute, sondern bereits am Anfang.

Und Paulus? Er schreibt an seine kleine und junge Gemeinde in Korinth einen Brief in die Situation dieser Infragestellungen hinein. Er stellt ihnen etwas vor Augen, das für die Christen zu allen Zeiten gilt und das wir deshalb an diesem Morgen auch als ein Wort, das an uns gerichtet ist, hören sollen:

(18) Denn das Wort vom Kreuz ist eine Torheit denen, die verloren werden; uns aber, die wir selig werden, ist's eine Gotteskraft. (19) Denn es steht geschrieben (Jesaja 29,14): „Ich will zunichte machen die Weisheit der Weisen, und den Verstand der Verständigen will ich verwerfen.“ (20) Wo sind die Klugen? Wo sind die Schriftgelehrten? Wo sind die Weisen dieser Welt? Hat nicht Gott die Weisheit der Welt zur Torheit gemacht? (21) Denn weil die Welt, umgeben von der Weisheit Gottes, Gott durch ihre Weisheit nicht erkannte, gefiel es Gott wohl, durch die Torheit der Predigt selig zu machen, die daran glauben. (22) Denn die Juden fordern Zeichen und die Griechen fragen nach Weisheit, (23) wir aber predigen den gekreuzigten Christus, den Juden ein Ärgernis und den Griechen eine Torheit; (24) denen aber, die berufen sind, Juden und Griechen, predigen wir Christus als Gottes Kraft und Gottes Weisheit. (25) Denn die Torheit Gottes ist weiser, als die Menschen sind, und die Schwachheit Gottes ist stärker, als die Menschen sind.

II. Die Torheit des Kreuzes

„Die Juden fordern Zeichen und die Griechen fragen nach Weisheit“ – das sind die Menschen, die zur Zeit des Paulus die Frage stellen, wie man eigentlich glauben kann. Das ist keine moderne Frage, sondern eine, die notwendig ist, weil Glaube eben nicht selbstverständlich ist. Diese Reaktion auf die Verkündigung der Christen hat etwas mit ihrem *Inhalt* zu tun. Denn im Zentrum des christlichen Glaubens steht das *Kreuz*, steht der gekreuzigte Christus und das Wort, das von dem Christus redet und über ihn sagt: In dieser Person liegt das Heil der Welt beschlossen. In diesem Gekreuzigten ist *Gott* in dieser Welt. Von seinem Kreuz aus wird überhaupt erst erkennbar, wer *Gott* eigentlich ist.

Und damit stellt das Kreuz unser menschliches Denken auf den Kopf. Denn es sagt uns, dass die Voraussetzung, die wir bei unserem Fragen gemacht haben, gar nicht richtig ist. Es sagt uns, dass wir von uns aus gar nicht wissen können, wer Gott ist. Es sagt uns, dass wir ins unseren Fragen eine falsche Voraussetzung gemacht haben und dass deshalb die Frage: „Wie kann man das heute noch glauben?“ gar nicht beantwortet werden kann.

Gott ist *nicht* der, von dem aus wir alles erklären können, was es in unserer Welt gibt. Gott ist *nicht* der, der uns alle unsere Wünsche, die wir an ihn richten, erfüllt, so dass uns der Glaube etwas „bringt". Gott ist *nicht* der, der für alles Leid dieser Welt verantwortlich gemacht werden kann. So lange wir all das von Gott denken, so lange kann der Glaube an das „Wort vom Kreuz" nur Unsinn und dummes Zeug sein, das man nicht glauben kann.

III. Ver-rückte Christen

Sind also die Christen verrückt? In einem bestimmten Sinn sind sie das. Sie sind es als solche, deren Blick ver-rückt ist, an einen anderen Ort gestellt ist. Sie sind es als solche, denen die Frage, wer Gott ist, selbst fraglich geworden ist, weil sie eine ganz eigene Antwort auf diese Frage bekommen haben: das „Wort vom Kreuz". Jenes Wort, das auf die Frage, wer Gott ist, auf den Gekreuzigten verweist.

Das „Wort vom Kreuz" steht quer zu unseren menschlichen Erwartungen, es steht quer gerade auch zu dem, was wir heute wahrnehmen können: Es stellt sich gegen den Wahn eines immer „gelingenden Lebens", gegen den Wahn immerwährender Jugend und Gesundheit, es stellt sich gegen den Wahn, für alles eine Erklärung bekommen zu können. Und damit ist das „Wort vom Kreuz" heute aktueller denn je. Denn der Gekreuzigte in unserer Mitte sagt uns, dass wir die Leidenden nicht vergessen dürfen. Er sagt uns, dass Schwachheit und Krankheit zu unserem Leben gehören und wir sie nicht verdrängen müssen. Es sagt uns, dass all unser Fragen und schmerzhaften Erfahrungen uns nicht trennen müssen von Gott, weil er bei uns ist in Christus, der das Leid auf sich nimmt, um uns von der Vorstellung zu befreien, es müsste uns alles gelingen.

Freilich sind all diese Fragen und Sehnsüchte durchaus ernst zu nehmen. Sie alle sind ja nur zu verständlich. Es sind Fragen, die uns – auch als Christen – in unserem Leben bleiben. Aber christlicher Glaube entstand niemals einfach aus der Beobachtung unserer Welt. Er entstand niemals einfach daraus, dass alles perfekt war und es keine offenen Fragen gab. Christlicher Glaube war von Anfang an immer auch Glaube *gegen* das, was wir sehen. Das ist die „Torheit" des Kreuzes.

Aber die „Torheit" des Kreuzes ist nicht Unvernünftigkeit. Denn wenn wir es wagen zu glauben, dann eröffnet sich uns von dem Wort vom Kreuz her ein neuer Blick auf die Welt. Dann wird es uns zur „Weisheit", die uns erkennen lässt, was es heißt zu glauben. Dann können wir etwas erleben: Wie uns das „Wort vom Kreuz" zu Gottes Weisheit und Kraft wird. Wie wir durch den Glauben an Jesus Kraft gewinnen zum Leben. Mitten in einer Welt, in der es viel Krankheit, Ungerechtigkeit und Tod gibt dem Leben zu vertrauen. Mitten in einer Welt voller Kriege zu glauben an die Macht der Liebe Gottes und ein Leben nach dieser Liebe zu wagen.

Wer sich auf das „Wort vom Kreuz“ einlässt, für den öffnet sich ein Blick auf die Welt, in der Gott neu zu Wort kommen kann. Für den wird Glaube möglich als das Wagnis, diesem Gott zu vertrauen. Der kann es erleben, dass Gott mir zu dem wird, der mein Leben in all seiner Fraglichkeit trägt.

16. Freiheit zur Gegenwart (1Petr 5,5c–11)[27]

I. Ein Aufruf zur Sorglosigkeit?

„Alle eure Sorgen werft auf ihn; denn er sorgt für euch.“ Dieser Satz aus dem Ersten Petrusbrief begegnet uns an diesem Sonntag, dem vorletzten Sonntag in den Sommerferien. Für manche von uns geht heute eine vielleicht etwas sorgenfreiere Zeit zu Ende. Eine Zeit, in der es weniger Verpflichtungen gab als sonst. Eine Zeit, in der es etwas ruhiger zugehen konnte und man nicht so genau kalkulieren und planen musste wie sonst. Auch diejenigen, die bereits seit längerem wieder ihrem Beruf nachgehen, konnten vielleicht feststellen, dass es noch etwas ruhiger zuging. Vielleicht. Vielleicht ist es bei einigen von Ihnen auch ganz anders: Da ist der Berufsalltag wieder voll losgegangen und Sie stehen schon wieder „voll im Saft“. Vielleicht bedrücken Sie auch andere Sorgen im privaten oder familiären Bereich, so dass von Erholung bei Ihnen nicht die Rede sein kann. Wie auch immer wir an diesem Morgen hier sind, wir hören gemeinsam diesen Aufruf aus dem Ersten Petrusbrief, der mitten in unser Leben hinein geschieht: *„Alle eure Sorgen werft auf ihn; denn er sorgt für euch.“* Wie auch immer wir heute hier sind, die Erfahrung, die wir manchmal im Urlaub machen können, ist wichtig: Was es bedeuten kann, wenn wir uns einmal *nicht* sorgen und die Zeit einfach genießen und auskosten können. Diese Erfahrung ist wichtig, weil wir Menschen uns ja immer wieder auch sorgen *müssen*: Wir müssen auch an die Zukunft denken, wir müssen planen und kalkulieren. Alles andere wäre Verantwortungslosigkeit.

Und dennoch stellt sich der Erste Petrusbrief unserem Denken entgegen, wenn er uns zuruft: *„Alle eure Sorgen werft auf ihn; denn er sorgt für euch.“* Manche Menschen, die dem christlichen Glauben kritisch gegenüberstehen, halten den Glauben für naiv. Für eine kindliche Haltung von Menschen, die nicht erwachsen werden wollen, die nicht einsehen wollen, dass menschliches Leben eben Sorge bedeutet, dass menschliches Leben gleichsam selbst Sorge *ist*. Andere Menschen, auch in der Kirche, sagen

[27] Predigt am 15. Sonntag nach Trinitatis (4. September 2016) beim Gottesdienst im Grünen am Schloss Lichtenstein.

das vielleicht nicht so offen. Aber im Kern glauben Sie dem Satz aus dem Ersten Petrusbrief *nicht*. Wir alle glauben diesen Satz wohl immer wieder *nicht*. Wir können den Satz nicht hören, weil er uns in Frage stellt. Weil er uns tätige und planende Menschen hinterfragt. Dieser einfache Satz, der Aufruf zur Sorglosigkeit, ist ein Satz, der sich uns widersetzt. Und gerade darin liegt sein Gewinn. Es ist ein Satz, der uns in unserem alltäglichen Denken unterbricht, so wie uns die Urlaubszeit einmal im Jahr unterbrechen kann in unserer Geschäftigkeit. Lassen wir uns an diesem Morgen von diesem Satz unterbrechen! Dann können wir an diesem Satz etwas entdecken, das wir mitnehmen können in unseren Alltag. *„Alle eure Sorgen werft auf ihn; denn er sorgt für euch.“*

II. Die Überheblichkeit der Sorge

Wir können hier etwas entdecken, wenn wir diesen Satz in dem Zusammenhang wahrnehmen, in dem er im Ersten Petrusbrief steht. Dieser Brief ist an eine christliche Gemeinde gerichtet, die sich in einer Diaspora-Situation befindet: in der Minderheit, in einem nicht-christlichen Umfeld. Eine kleine Schar von Menschen, die sich zu Jesus halten und dafür von ihrem Umfeld mindestens angefragt oder belächelt, wenn nicht sogar bedrängt und bedroht wird. So fremd ist uns heute als Christen diese Situation nicht. Wagen wir es denn heute noch, dem, was gesellschaftlich als unhinterfragte Einstellung ausgegeben wird, etwas entgegenzusetzen? Wagen wir es denn heute noch, unserer Welt der Leistung und des Wohlstands das Evangelium von der Rechtfertigung des Gottlosen, von der Option Gottes für die Schwachen und Hilfsbedürftigen entgegenzustellen? Wagen wir es noch, uns als Kirche dem Leistungs- und Professionalisierungsdenken entgegenzustellen? Wagen wir es, auch gegen das Gebot der *political correctness* das Evangelium von Jesus Christus zu sagen? Ich glaube, wir wagen das vielfach nicht. Weil wir uns oft genug ergeben in die Gesetzmäßigkeiten der Welt und sagen: „Das kann man doch heute nicht mehr sagen“, oder: „Da kann man halt nichts machen.“ „Das ist halt so.“ „Wir müssen realistisch sein.“ Gegen diese Einstellung steht dieser Text. Hören wir also diesen fremden Text aus dem Ersten Petrusbrief, in dem es heißt:

(5c) Gott widersteht den Hochmütigen, aber den Demütigen gibt er Gnade. (6) So demütigt euch nun unter die gewaltige Hand Gottes, damit er euch erhöhe zu seiner Zeit. (7) Alle eure Sorge werft auf ihn; denn er sorgt für euch. (8) Seid nüchtern und wacht; denn euer Widersacher, der Teufel, geht umher wie ein brüllender Löwe und sucht, wen er verschlinge. (9) Dem widersteht, fest im Glauben, und wisst, dass ebendieselben Leide über eure Brüder in der Welt gehen. (10) Der Gott aller Gnade aber, der euch berufen hat zu seiner ewigen Herrlichkeit in Christus Jesus, der wird euch,

die ihr eine kleine Zeit leidet, aufrichten, stärken, kräftigen, gründen. (11) Ihm sei die Macht von Ewigkeit zu Ewigkeit! Amen.

Der Erste Petrusbrief entlarvt ein Denken, das sich ganz und gar von der Sorge bestimmen lässt, als ein überhebliches Denken. Die Überheblichkeit liegt darin, dass wir uns selbst für Gott halten, wenn wir meinen, alles kalkulieren und planen zu *können* und zu *müssen*. Das ist für die Bibel ja der Inbegriff von Sünde: dass wir Menschen uns selbst mit Gott verwechseln, dass wir meinen, wir selbst hätten das Leben in der Hand und könnten die Zukunft vorwegnehmen. Und deshalb gebraucht der Schreiber ein einprägsames Bild, um uns deutlich zu machen, was hier auf dem Spiel steht: Er spricht von dem Teufel, *„der umhergeht wie ein brüllender Löwe und sucht, wen er verschlinge"*. Man könnte auch übersetzen: „Der Teufel versucht euch aufzufressen." So wie die Sorge uns auffressen kann. So wie sie uns alles, was wir haben, madig machen kann, nach dem Motto: „Ja, heute geht das vielleicht alles noch, aber was ist in der Zukunft?" Diese uns zerfressende Sorge ist das Widergöttlich, ist die Macht, die uns von Gott trennt. Die uns dafür verschließt, uns für das zu öffnen, was heute vor uns liegt und ergriffen werden will. Klar und deutlich stellt dem der Erste Petrusbrief entgegen: *„Dem widersteht fest im Glauben!"* Wir müssen schon Widerstand leisten, eben weil diese Haltung einen ungeheuren Sog hat. Eben weil ja auch etwas dran ist, dass wir in die Zukunft blicken und planen müssen. Eben weil wir ja ganz ohne Planung nicht auskommen. Gerade deshalb sollen wir im Glauben Widerstand leisten dagegen, dass uns die Sorge ganz und gar bestimmt.

III. Freiheit zur Gegenwart

Und damit erschließt uns der Schreiber, was eigentlich „Glaube" ist. Glaube bedeutet: Festwerden in Gott. In ihm unseren Halt finden. Ihm zu vertrauen, dass er unsere Zukunft ist und uns Zukunft schenkt. Ihm zu glauben, dass seine Möglichkeiten für uns größer und anders sind als wir meinen. „Werdet fest im Glauben!" „Macht euch fest in Gott!" „Lasst die Sorge nicht euren Gott werden!" – Das ist es, was er uns damit sagt.

Er macht uns deutlich, was geschieht, wenn die Sorge unser Gott wird: Dann verpassen wir vor lauter Angst vor der Zukunft die Gegenwart. Die Gegenwart, die Gott uns schenkt. So ist Glaube nichts anders als: Freiheit zur Gegenwart. Freiheit dazu, zu fragen, was wirklich in unser eigenen Macht steht. Freiheit, verantwortlich zu handeln, ohne aufzuhören, zu vertrauen.

Freiheit zur Gegenwart – Das ist es, was ich uns allen wünschen möchte an diesem Tag. Nehmt die Erfahrung des Urlaubs mit in Euer Leben: Die Erfahrung der Freiheit, die entsteht, wenn die Sorge weicht. Die Freiheit, die entsteht, wenn wir unser Leben zu Gott bringen, es ihm einfach hinwerfen, damit er es ansieht und uns Wege zeigt. Die Freiheit, die entsteht, wenn wir uns sagen lassen und wirklich hören, was der Schreiber des Ersten Petrusbriefes uns an diesem Morgen zuruft: *„Alle eure Sorgen werft auf ihn; denn er sorgt für euch."*

17. Damit die Liebe Gestalt gewinnt (1Thess 1,1–8)[28]

I. Unbehagen

Der heutige Predigttext bereitet mir Unbehagen. Ja, das Thema dieses Sonntags ist nicht leicht. Es geht um die Heiligung. Es geht darum, wie Gottes Wille ganz konkret Gestalt gewinnt in unserem Leben. Was sollen wir nach Gottes Willen tun? Was ist richtig, und was ist falsch? Diese Fragen stellte sich damals für die Gemeinde in der Hafenstadt Thessaloniki, an die Paulus einen Brief schreibt. Und diese Fragen stellen sich für uns heute.

Sie stellen sich immer mehr. Man kann den Eindruck gewinnen, dass es für viele Menschen immer schwieriger wird, Orientierung zu finden für ihr Leben. Alte Gewissheiten und Orientierungspunkte sind uns abhandengekommen, ohne dass an ihre Stelle neue getreten wären. In dieser Zeit sehnen sich viele nach Wegweisung. Es ist die Zeit für die einfachen und klaren Botschaften, die viele Menschen überzeugen. Aber tragen sie dann auch? Werden sie der Vielfältigkeit, die unser Leben ausmacht, gerecht? Einfache und klare Botschaften, deutliche Positionierungen, gerade in ethischen Fragen werden von uns als Kirche erwartet. Deutliche Botschaften und Anweisungen, so wie wir sie an diesem Morgen von Paulus hören, der in seinem Brief an die Thessalonicher schreibt:

(1) Weiter, liebe Brüder, bitten und ermahnen wir euch in dem Herrn Jesus – da ihr von uns empfangen habt, wie ihr leben sollt, um Gott zu gefallen, was ihr ja auch tut–, dass ihr darin immer vollkommener werdet. (2) Denn ihr wisst, welche Gebote wir euch gegeben haben durch den Herrn Jesus. (3) Denn das ist der Wille Gottes, eure Heiligung, dass ihr meidet die Unzucht (4) und ein jeder von euch seine eigene Frau zu gewinnen suche in Heiligkeit und Ehrerbietung, (5) nicht in gieriger Lust wie die Heiden, die von Gott nichts wissen. (6) Niemand gehe zu weit und übervorteile seinen Bruder im Handel; denn der Herr ist ein Richter über das alles, wie wir euch schon früher gesagt und bezeugt haben. (7) Denn Gott hat uns nicht berufen zur Unreinheit, sondern zur Heiligung. (8) Wer das nun verachtet, der verachtet nicht Menschen, sondern Gott, der seinen Heiligen Geist in euch gibt.

[28] Predigt am 20. Sonntag nach Trinitatis (9. Oktober 2016) in der Galluskirche Honau.

Unbehagen bereitet mir dieser Text, das muss ich ganz offen sagen, weil Paulus hier von der Sexualethik redet. Nicht deshalb, weil ich mich genieren würde, über das Thema zu sprechen. Nicht deshalb, weil wir über dieses Thema sonst eigentlich nicht sprechen möchten, jedenfalls dann nicht, wenn es uns selbst betrifft. Nein, Unbehagen bereitet mir dieses Thema in diesem Zusammenhang, weil bei uns viel zu viel darüber geredet wird. Und weil gerade der christliche Glaube immer wieder mit dem Thema der Sexualität in Zusammenhang gebracht wird. Wenn ich mit Menschen spreche, die dem Glauben distanziert gegenüberstehen, aber auch mit solchen, die sich für besonders fromm halten, dann habe ich manchmal den Eindruck, als hielten beide Seiten die Bibel in erste Linie für ein Buch zur Sexualethik. Aber das ist sie sicherlich nicht, es ist nicht ihr wichtigstes und erstes Thema. Es ist nicht der Kern ihrer Botschaft. In letzter Zeit ist es die Frage der Homosexualität, die die Gemüter bewegt. Am kommenden Freitag werden wir auch auf der Bezirkssynode über das Thema sprechen. Man hat den Eindruck, die Fronten sind in dieser Frage verhärtet. Die Positionierung in dieser Frage wird zur Glaubensfrage erhoben, an der sich das Christsein angeblich entscheidet: Es gibt die einen, die erwarten von der Kirche ein striktes „Nein", und es gibt die anderen, die verlangen von der Kirche, sie müsse endlich „offener" werden und „tolerant". Man legt uns auf diese Frage fest. Und verdeckt damit viel grundsätzlichere und auch wichtigere Fragen. Man verdeckt damit die Frage nach der eigentlichen Botschaft und verbaut sich den Weg zu differenzierten und damit auch lebenstauglichen Antworten. Und das macht mir Unbehagen.

Freilich, für Paulus stellt sich die Frage nach dem Umgang mit der Sexualität. In dem Umfeld, in dem seine Gemeinde lebt, waren religiöse Bräuche, die mit Kultprostitution verbunden waren, durchaus üblich. Paulus schärft seinen Christen ein: ‚Wenn ihr zu Christus gehört, dann betrifft das euer ganzes Leben. Dann könnt ihr an solchen Kulten nicht mehr teilhaben. Dann könnt ihr nicht sonntags in die Kirche gehen und gleich darauf zur einer Prostituierten. Das geht nicht. Das passt einfach nicht zusammen.' Es gilt aber dann auch für die eigene Ehefrau, zu der Paulus einschärft: ‚Eure Ehefrau ist nicht euer Besitz. Sie steht euch nicht einfach zur Verfügung. Sie hat euren Respekt verdient und sie hat ihre eigene Würde.' Das ist in der damaligen Zeit durchaus eine kulturelle Errungenschaft. Sowohl im Judentum als auch später im Islam wurden zu dieser Frage deutlich andere Positionen vertreten. Und doch stört es mich auf den ersten Blick, dass Paulus hier so direktiv redet, bis in die Schlafzimmer seiner Gemeindeglieder hinein. Es hat der Kirche schwer geschadet, dass sie das immer wieder versucht hat. Es ist aber wichtig zu sehen, woher der Hinweis des Paulus seine Autorität gewinnt. Sie gewinnt sie daher, dass er *aus der Sache heraus* redet. Er redet „in dem

Herrn Jesus“, er verweist die Christen auf Jesus als ihren gemeinsamen Orientierungspunkt. Und damit legt er sie nicht einfach auf seine eigene Position fest. Es geht über das konkrete Beispiel hinaus um eine grundsätzliche Einsicht: Kein Mensch darf funktionalisiert, d.h. zum Mittel gemacht werden für etwas anderes. Jeder Mensch ist einer, der Gott so viel wert ist, dass er für ihn oder sie selbst Mensch geworden, gestorben und auferstanden ist. Jeder Mensch hat einen Wert in sich selbst. Und so sollt ihr ihn auch behandeln.

II. Der Ruf in die Freiheit

Die Verbindung mit Christus, die durch die Taufe symbolisiert wird, ist für Paulus der Ausgangspunkt. In dieser Verbindung wird ein Mensch herausgelöst aus den Bindungen seiner Welt, die ihn unfrei machen. Nichts anderes als Christus soll nun über ihn herrschen und sein Leben bestimmen, in alle Bereiche hinein. Aber das ist nicht die Auferlegung eines neuen Zwangs, so dass Christus zum neuen Gesetzgeber oder gar zum Moralapostel würde. Paulus verweist ja darauf, dass Gott selbst im Leben der Christen wirkt durch seinen Heiligen Geist. So bedeutet der christliche Glaube den Ruf in die Freiheit. *„Zur Freiheit hat euch Christus befreit!“*, schreibt Paulus an anderer Stelle (Gal 5,1). Der Ruf in die Freiheit steht am Anfang der Glaubensgeschichte. So wie am Anfang der Bibel die Geschichte von Israels Befreiung und Herausführung aus Ägypten steht. Die Grunderfahrung der Bibel ist die, dass Gott die Macht ist, die in die Freiheit führt. Die Reformation, die derzeit in aller Munde ist, hat als ihr zentrales Thema die Freiheit. Es ist deshalb sehr irritierend, dass viele Menschen mit dem christlichen Glauben gerade nicht Freiheit verbinden, sondern vielmehr das Gegenteil: Unfreiheit und Enge. Warum ist das so? Ich glaube, es hat etwas damit zu tun, dass Moral und Glaube miteinander gleichgesetzt und verwechselt werden. Freiheit entsteht aber nur dann, wenn wir beide voneinander unterscheiden.

Gerade heute ist diese Gleichsetzung üblich. Viele Menschen wollen vom Glauben nichts mehr wissen. Sie sehnen sich nach einer Handlungsanweisung, die unabhängig ist von Glaubensüberzeugungen. Eine Ethik, die allgemein ist und von allen geteilt wird. Jeder Mensch kann an irgendetwas glauben, aber was zu tun ist, darf davon nicht abhängen – das scheint mir die Einstellung vieler Menschen zu sein. Und diese Einstellung ist falsch. Wir müssen uns austauschen über den Glauben. Denn das, was wir glauben, entscheidet darüber, wie wir handeln. Gerade weil es zusammenhängt und doch unterschieden werden muss. Ich habe den Eindruck, dass unsere Gesellschaft immer gesetzlicher und unbarmherziger wird, je mehr der Glaube aus dem öffentlichen Raum verdrängt und zur reinen Privatsache erklärt wird. Eben das aber geht für Paulus gerade nicht. Er ist sich sicher: Wenn wir mit der Wirklichkeit Jesu Christi ernst machen, dann verändert das unser Leben. Dann führt er uns in die Freiheit. Dann gibt er uns Orientierung. Aber Orientierung, die etwas anderes ist als die einfachen Antworten, die von uns oft erwartet werden. Dann gibt er uns eine Orientierung, die wirklich tragen kann auch in den komplexen Verhältnissen, in denen wir leben. Auch angesichts dessen, dass Lebensgeschichten und -zusammenhänge sehr unterschiedlich sein können.

III. Der Liebe Raum geben

Die Gebote, von denen Paulus redet, die Handlungsanweisungen, gibt es für ihn nur – wie er selbst in unserem Predigttext schreibt – *„durch den Herrn Jesus“*. In seiner Geschichte wird deutlich, was Gott für uns tut und gleichzeitig, was er für uns will: *„Denn das ist der Wille Gottes, eure Heiligung“*, schreibt Paulus. Es ist nicht so, wie manche sagen, dass Gott zuerst etwas für uns tut und dann von uns erwartet, dass wir seine Tat von uns nun durch unsere eigenen Taten beantworten. Sondern beides liegt ineinander. Der Ruf in die Freiheit besteht darin, dass wir uns ganz auf diese Geschichte Gottes in Jesus einlassen und uns von ihr bestimmen lassen in unserem eigenen Leben – dann gewinnen wir Orientierung. Diese Geschichte aber ist die Geschichte der Liebe, die in den Tod geht, die den Konflikt nicht scheut, weil ihr die Beziehung zum anderen wichtig ist. In dieser Geschichte kommen wir alle vor. Lassen wir uns in diese Geschichte hineinnehmen! Geben wir dieser Geschichte Raum in unserem Leben! Wir haben vorhin in der Schriftlesung gehört, wie Jesus zu seinen Jüngern sagt: *„Wie mich mein Vater liebt, so liebe ich euch auch. Bleibt in meiner Liebe! ... Das ist mein Gebot, dass ihr euch untereinander liebt, wie ich euch liebe.“* (Joh 15,12) „Liebe ist das Gebot“ haben wir im vergangenen März als Schlusschor des Musicals „die Zehn Gebote“ gehört. Es ist wahr. Alle Gebote hängen an der Liebe. Es kommt darauf an, in den verschiedenen Situationen unseres Lebens zu fragen, was der Liebe dient und was ihr einen Raum gibt: „Liebe, und tu, was du willst“, hat der Kirchenvater Augustin gesagt. Es ist wahr. Aber es ist keine einfache Antwort. Mit dem Glauben hören die Fragen nicht auf, sondern fangen erst richtig an. Aber sie bekommen eine Orientierung, eine Richtung, in der zu fragen wäre.

Es bedeutet nicht, dass Regeln und Grenzen an sich etwas Schlechtes sind. Es bedeutet auch nicht, dass der Satz „das muss jeder für sich selbst entscheiden“ immer richtig ist. Es könnte ja auch Lieblosigkeit sein, wenn es mir ganz egal ist, was der andere tut. Wenn ich zum Beispiel sehe, dass er sich und andere zerstört. Die Liebe könnte es manchmal fordern, dass ich einem Freund oder eine Freundin eine unbequeme Wahrheit zumute. Sie verbietet es aber ganz bestimmt, aus der Ferne über einen anderen zu urteilen, dessen Leben ich gar nicht kenne. Wenn Liebe das Gebot ist, das einzige, das wir Christen haben, dann bedeutet das aber, dass Orientierung zum Leben etwas anderes ist als feststehende Sätze. Es bedeutet, dass Orientierung immer in einer Grundüberzeugung begründet ist, die unseren Blick auf uns und auf andere prägt. Es geht um die Liebe, die in unserer Welt erschienen ist in Jesus. Darin, dass Gott in ihm diese Welt geliebt hat, dich und mich. „Heiligung" bedeutet, dass wir mit dieser Liebe im Kontakt bleiben, dass sie der Raum ist, der unser Leben bestimmt. Wir sollen fragen, was die Liebe gebietet, die in Jesus erschienen ist, gerade heute in einer so unübersichtlichen Zeit. Auf dass Jesus Christus heute bei uns, in unserer Welt und mitten in unserem Leben, Gestalt gewinnt und uns in die Freiheit ruft.

18. Ein „Lebewort" (Ps 119,105)[29]

I. Die Entdeckung des Wortes Gottes

Es gibt ein Wort, das die Kraft hat ein menschliches Herz zu erreichen und einen Menschen zu verwandeln. Das war die Entdeckung der Reformation, der wir im kommenden Jahr gedenken. Es war eine Entdeckung, die Martin Luther gemacht hat, als er als Augustinermönch im Kloster in Erfurt begann, die Psalmen auszulegen. Es war die Entdeckung, die Luther immer wieder aufs Neue machen durfte, als die Auseinandersetzungen um die reformatorische Bewegung ihm zusetzten. Es war die Entdeckung, dass die Worte der Bibel ein Wort bezeugen, das kein totes Wort ist, sondern ein lebendiges Wort, ein „Lebewort", wie Luther dazu sagt.

Mit dieser Entdeckung steht Luther in einer langen Tradition, die tief in die biblische Tradition zurückreicht. Ja, die an ihrem Anfang steht und sie in Gang setzt. Die Bibel beginnt ja damit, dass Gott auf einmal sein Wort spricht – so wird es hell, und so beginnt das Leben: „Und Gott sprach: ‚Es werde Licht!' Und es ward Licht." (Gen 1,3) Am Anfang steht Gottes Wort, das Leben schaffen kann. Und so hat Luther ganz zu Recht das Wort Gottes in den Mittelpunkt gestellt. Von diesem Wort leben wir bis heute. Dieses Wort ist es, das die Kirche schafft als eine Gemeinschaft von Menschen, die es wagen, in dieser Welt, die voll von ganz anderen Wörtern ist, zu glauben. Daran, dass wir von diesem Wort leben, möchte ich heute erinnern, an diesem Tag, an dem wir die für das Reformationsjubiläum 2017 neu revidierte Lutherbibel in den Dienst nehmen. Ich möchte daran erinnern mit einem Vers aus den Psalmen, der ebenfalls von diesem Wort weiß, das Licht und Leben schaffen kann. Es lautet:

Dein Wort ist meine Fußes Leuchte und ein Licht auf meinem Weg.

[29] Predigt am 23. Sonntag nach Trinitatis (30. Oktober 2016) anlässlich der Einführung der neuen Lutherbibel in der Galluskirche Honau.

Das Bild, das dieses Psalmwort verwendet, ist das Bild eines Weges. Der, der hier spricht, bleibt nicht einfach stehen. Er hat das Wort, von dem er redet, nicht einfach in der Tasche. Er ist auf dem Weg. Und auf diesem Weg macht er eine wunderbare Erfahrung: Die Erfahrung nämlich, dass sich ihm dieses Wort immer wieder neu erschließt als ein Wort, das ihm den Weg erleuchtet und ihm hilft, auf diesem Weg zu gehen. Man wird dabei vielleicht nicht gerade an eine grelle Neonröhre denken dürfen. An ein Licht, das in der Lage ist, auf einen Schlag einen ganzen Raum oder sogar eine Halle auszuleuchten. Der Psalmbeter sagt, dass dieses Wort seines „Fußes Leuchte" ist. So als ob er es wie eine Lampe vor sich herträgt und es ihm die nächsten Schritte erhellt. So ist das Wort Gottes keines, das alle Fragen in unserer Welt beantwortet. Keines, das alle Rätsel löst und alles Unverständliche einfach auflöst. Keines, das uns davon entbindet, selbst nachzudenken, was in bestimmten Situationen zu tun ist. Aber eines, das uns begleitet auf dem Weg. Das uns weitergehen lässt. Weil es da ist als ein Licht auf meinem Weg.

Luther hat sich auf dieses Wort berufen, als er im Jahr 1521 vor dem Reichstag in Worms stand. Man muss sich die Situation klarmachen, um zu ermessen, was da passiert ist. Ein einfacher Mönch, durch Weihegelübde auf die Autorität von Kirche und Papst verpflichtet, stand auf einmal vor dem Kaiser, um seine in der Schrift gefundenen Einsichten zu widerrufen, weil sie Kirche und Staat in Unruhe versetzten. Alle hatten sie gemerkt: Dieses Wort kann gefährlich sein. Es kann unsere Sicherheiten erschüttern. Es kann die Dinge, wie wir sie uns zurechtgelegt haben, auf den Kopf stellen. Und darum sollte Luther aufgeben. Berühmt geworden ist das, was Luther an diesem Tag vor dem Reichstag in Worms sagte:

„Wenn ich nicht durch Zeugnisse der Schrift und klare Vernunftgründe überzeugt werde – denn weder dem Papst noch den Konzilien allein glaube ich, da es am Tage ist, daß sie öfter geirrt und sich selbst widersprochen haben – so bin ich durch die Stellen der Heiligen Schrift, die ich angeführt habe, überwunden in meinem Gewissen und gefangen in Gottes Wort. Daher kann und will ich nichts widerrufen, weil wider das Gewissen etwas zu tun weder sicher noch heilsam ist." Man hat später einen Satz hinzugefügt, den Luther vielleicht selbst nicht gesagt hat, der aber zu ihm passt: „Hier stehe ich. Ich kann nicht anders. Gott helfe mir. Amen." Gottes Wort hat Luther an seinen Platz gestellt. Das glauben wir bis heute, wenn wir uns als Kirche der Reformation verstehen.

Was Luther entdeckt hatte, war die Botschaft, dass Gottes Wort uns Menschen erneuert. Nicht unser Handeln, nicht unsere Reue, und schon gar nicht irgendwelche Ersatzleistungen, mit denen wir uns von Schuld freizukaufen suchen. Sondern allein das

Wort. Das Wort, das um unser Vertrauen wirbt. Das Wort, das wir hören sollen. Das Wort, dem wir uns aussetzen sollen, um es hineinzulassen in unser Leben. Darum ist der Gottesdienst das Zentrum der Gemeinde. Darum steht nach evangelischem Verständnis im Zentrum des Gottesdienstes die Verkündigung des Wortes Gottes. Darum liegt auf dem Altar die Bibel.

II. Das lebendige Wort

Es ist kein toter Buchstabe, auf den uns diese Tradition verweist. Es sind nicht einfach die einzelnen Wörter der Bibel, so dass man nur den Finger in die Bibel legen müsste und zu irgendeiner Frage in einer Art Zaubertrick die richtige Antwort zu erhalten. Man hat die Bibel manchmal in dieser Art in vermeintlicher Frömmigkeit missbraucht. Es ist kein toter Buchstabe, den man einfach nur zitieren muss, um nicht mehr selbst nach Begründungen suchen zu müssen. Es ist ein lebendiges Wort, das uns den Weg erleuchtet, wie der 119. Psalm sagt. Das uns die Richtung weist, in die wir dann selbst gehen müssen, im Hören auf das Wort. Es ist eine dynamische Bewegung, kein Stillstand. Stillstand kann aber auf zweierlei Weise entstehen: Einmal so, dass wir die Wörter der Bibel als ewig feststehende Sätze verstehen. Dann können wir uns nicht mehr bewegen. „Die Bibel ist Gottes Wort, aber nicht Gottes Wörter“, hat Heinz Zahrnt einmal gesagt. Es kommt nicht darauf ein, einzelnen Wörter rauszupicken und für unsere eigenen Positionen zu verwenden, sondern darauf, aus diesen Wörtern das eine Wort zu hören, das „meines Fußes Leuchte“ sein kann, „ein Licht auf meinem Weg“. Es gibt aber auch die andere Haltung, die gar nicht mehr hören will. Die Haltung, nach der eine bestimmte politische Position, das, „was man heute so sagt“ oder auch die *political correctness* uns die Richtung vorgibt. „Das kann man doch heute nicht mehr vertreten“, ist so ein Satz, der mich misstrauisch macht. In unserer Zeit, in der so viele unterschiedliche Wörter auf uns einströmen, kommt es darauf an, das Hören nicht zu verlernen. Es einzuüben. Das Wort der Bibel ist keines, das man einmal gelesen und dann in der Tasche hat. Es ist keines, das man in einer Kurznachricht versenden und speichern kann. Und darum steht es so diametral gegen unseren Zeitgeist. Es könnte eine Aufgabe sein, in unseren Kirchen einen Ort zu bieten, an dem man wieder hören kann, sich Zeit nimmt und sich öffnet für das Wort, für das „Lebewort“. Luther jedenfalls hatte zu seiner Zeit bereits einen Eindruck, der wie ich finde, manchmal durchaus auch in unsere Zeit passt. Eine Kritik, die auch uns Amtsträger immer wieder in die Pflicht nimmt, wenn Luther schreibt:

„Es ist freilich eine der größten Plagen auf Erden, daß die Heilige Schrift so verachtet ist, auch bei denen, die dazu von Amts wegen bestellt sind. Alle anderen Sachen, Künste, Bücher treibt und übt man Tag und Nacht und das Arbeiten und Mühen nimmt kein Ende. Nur die Heilige Schrift läßt man liegen, als brauche man sie nicht. Und die ihr so viel Ehre antun, sie einmal zu lesen, die können es alles im Fluge; nie ist eine Kunst oder ein Buch auf Erden gekommen, die jedermann so bald ausgelernt hat wie die Heilige Schrift. Und es sind ja doch nicht Leseworte, wie sie meinen, sondern lauter Lebeworte darin, die nicht zum Spekulieren und hohen Betrachtungen, sondern zum Leben und Tun hergesetzt sind."[30]

Ein Wort zum Leben und Tun – ein „Lebewort", das ist das Wort der Bibel. An dieses Wort erinnert uns die Bibel, die heute neu auf unserem Altar liegt.

III. Das eine Wort

Ich möchte noch ein weiteres Beispiel, diesmal aus unserer jüngeren Geschichte erzählen, die für mich eine Geschichte ist, die etwas über die Kraft des lebendigen Wortes Gottes sagt. Sie stammt aus der Nazi-Zeit. Man hat ja oft gesagt, und hört es heute oft ganz selbstverständlich, dass „die Kirche" in dieser Zeit versagt habe. Es gibt viele Beispiele dafür, die dieses Urteil leider belegen können. Und doch gab es auch in dieser Zeit Menschen, die das lebendige Wort hörten und es zur Sprache brachten. Für mich bleibt ein beeindruckendes Beispiel die „Barmer Theologische Erklärung" aus dem Jahr 1934. Inmitten einer Zeit, in der es doch eigentlich „nur" um Politik ging, erlaubte es sich die Bekenntnissynode in diesem Jahr, einen ganz und gar theologischen Satz, einen Satz über das Wort Gottes aufzustellen, der gerade dadurch seine politische Sprengkraft erhielt. In dieser Zeit kam es darauf an, das eine Wort von den vielen Wörtern zu unterscheiden, damit dieses Wort wieder „meines Fußes Leuchte und ein Licht auf meinem Weg" sein konnte. Und darin liegt eine Klarheit, die auch wir heute brauchen. Die erste These der Barmer Theologischen Erklärung heißt:

„Jesus Christus, wie er uns in der Heiligen Schrift bezeugt wird, ist das eine Wort Gottes, das wir zu hören, dem wir im Leben wie im Sterben zu vertrauen und zu gehorchen haben."

Wie politisch diese Konzentration auf das Wort Gottes war, zeigt die Verwerfungsthese, die auf diese These folgt:

„Wir verwerfen die falsche Lehre, als könne und müsse die Kirche neben diesem einen Wort Gottes auch noch andere Ereignisse und Mächte, Gestalten und Wahrheiten als Gottes Offenbarung anerkennen."

[30] *Martin Luther,* Widmungsschreiben zu: Das schöne Confitemini/Der 118. Psalm, WA 31/1, 67, zitiert nach: *ders.*, Das schöne Confitemini, Calwer Ausgabe Band 7, Stuttgart 1996, 68.

Das war damals gegen den Anspruch der Nationalsozialisten gesagt, dass sich im Aufstieg Hitlers das Reich Gottes durchzusetzen beginnen würde. Es ist gegen jeden Anspruch gesagt, dass eine politische Entwicklung mit Gottes Willen gleichzusetzen sei. Und es ist heute wieder gegen die Versuche gesagt, die Konzentration auf dieses eine Wort, das Jesus Christus heißt, aufzulösen, weil man das politisch nicht will. Dieses *eine* Wort aber ist es, auf das uns die Bibel verweist. Dieses *eine* Wort ist es, das „meines Fußes Leuchte und ein Licht auf meinem Weg“ ist. Dieses *eine* Wort, das davon redet, dass Gott in unsere Welt kommt, um aus der Welt zu schaffen, was uns von ihm trennt. Dieses eine Wort, von dem der Hebräerbrief, den wir vorhin in der Schriftlesung gehört haben, sagt:

Nachdem Gott vorzeiten vielfach und auf vielerlei Weise geredet hat zu den Vätern durch die Propheten, hat er zuletzt in diesen Tagen <u>zu uns</u> geredet <u>durch den Sohn</u>, den er eingesetzt hat zum Erben über alles, durch den er auch die Welten gemacht hat. Er ist der Abglanz seiner Herrlichkeit und das Ebenbild seines Wesens und trägt alle Dinge mit seinem kräftigen Wort und hat vollbracht die Reinigung von den Sünden und hat sich gesetzt zur Rechten der Majestät in der Höhe und ist so viel höher geworden als die Engel, wie der Name, den er ererbt hat, höher ist als ihr Name. (Hebr 1,1–4)

Dieses Wort ist das „Licht auf meinem Weg“. Es ist das Wort, aus dessen Hören die Kirche zu allen Zeiten entsteht, wenn Menschen beginnen, in den verschiedenen Wörtern der Bibel dieses *eine* Wort zu hören, die Stimme des guten Hirten. Lassen wir uns von unserer neuen Altarbibel, die unter dem Kreuz Christi liegt, an dieses Wort erinnern. Lassen wir es zu, dass sie uns immer wieder neu zum „Lebewort“ wird zu „meines Fußes Leuchte und einem Licht auf meinem Weg“.

19. Der kommende Christus (Jer 23,5–8)[31]

I. *„Wo aber Gefahr ist, wächst das Rettende auch“*

„Wo aber Gefahr ist, wächst das Rettende auch.“[32] Dieser Satz ist mir eingefallen, als ich über den Predigttext für den heutigen Sonntag nachgedacht habe. Er stammt von Friedrich Hölderlin (1770–1843), aus einem Gedicht, das er 1803 für den Landgrafen von Homburg geschrieben hat. Er beschreibt eine tiefe Erfahrung, eine Ur-Erfahrung. Vielleicht kennen Sie diese Erfahrung ja auch. Denken Sie für einen Moment einmal darüber nach: Da gab es vielleicht eine Situation in ihrem Leben, da ist etwas Schweres über Sie hereingebrochen. Da waren Sie an einem schwierigen Punkt. Und durften

[31] Predigt am Ersten Advent (27. November 2016) in der Galluskirche Honau und in der Erlöserkirche Unterhausen.

[32] *Friedrich Hölderlin,* Patmos. Dem Landgrafen von Homburg, in: *ders.*, Werke und Briefe, hg. von F. Beißner und J. Schmidt, Band 1: Gedichte. Hyperion, Frankfurt am Main 1969, 176.

dann merken: In der Bedrängnis wächst auch die Kraft. Es gibt einen Willen zum Leben, der sich durchsetzt und sich Bahn bricht – manchmal dann, wenn wir es gar nicht mehr erwarten. Immer wieder haben mir Menschen von solchen Erfahrungen erzählt: Vom Tod eines lieben Menschen, und wie gerade dann auch die Kraft kam und die Hoffnung. Von einer schweren Krankheit, die einem das Leben neu zu Bewusstsein gebracht hat. Wie es da beides gab, Gefahr und Rettung. Wie jemand erleben durfte, dass ihm neue Kraft geschenkt wurde. *„Wo aber Gefahr ist, wächst das Rettende auch."*

Das ist kein Satz, der über das Gefährliche hinweggeht. Es ist kein Satz, der das Schwierige verharmlost. Es ist ein Satz, der vielmehr um die Abgründe des Lebens weiß, um die Bedrohung und Infragestellung. Es ist ein Satz, der um die Erfahrung der Abwesenheit Gottes weiß, um die Verzweiflung und das Gefühl der Verlorenheit. Es ist ein Satz, der darum weiß, dass die Gegenwart Gottes in unserem Leben keine einfache Sache ist, sondern etwas, um das wir immer wieder auch ringen, das sich uns erschließt, aber dann auch wieder verbirgt. So beginnt Hölderlins Gedicht mit den Worten: *„Nah ist und schwer zu fassen der Gott."*

„Nah ist und schwer zu fassen der Gott", diesen Satz hätte auch der Prophet Jeremia schreiben können, von dem die Worte für den heutigen Sonntag, an dem wir den Ersten Advent miteinander feiern, stammt. *„Bin ich nur ein Gott, der nahe ist, spricht der Herr, und nicht auch ein Gott, der ferne ist?"*, so hört Jeremia es wenige Verse nach unserem Predigttext von Gott selbst (Jer 23,23). Nähe und Ferne, sie hängen unmittelbar zusammen. Es ist keine einfache Sache, es ist eine Bewegung, eine lebendige Bewegung, die uns bis heute trägt. Sonst würden wir nicht in jedem Jahr aufs Neue die Adventszeit begehen, jene Zeit, die von der Ankunft des Gottessohnes in unserer Welt erzählt: *„Wo aber Gefahr ist, da wächst das Rettende auch"* – Mitten in unserer Welt, in der es viel Gefahr gibt, mitten in unserem Leben, in dem uns manches bedrängen mag, ergeht aufs Neue die Botschaft: Der Retter kommt uns nahe! Der Heiland kommt zu uns! Er kommt zu Dir und zu mir, auch in diesem Jahr! Machen wir uns für seine Ankunft bereit!

Hölderlin hat seinem Gedicht den Titel „Patmos" gegeben, den Namen jener Insel, auf der nach dem letzten Buch der Bibel der Seher Johannes eine Offenbarung erhält, die ihm vom Ende der Geschichte Zeugnis gibt. Auch dies in einer Situation der Bedrohung. Als die Christen verfolgt werden und getötet, da entsteht eine neue Vision: die Vision des kommenden Christus, mit dem unsere Bibel endet. Mit einem Wort von ihm selbst: *„Ja, ich komme bald"*, und dann der Antwort der christlichen Gemeinde: *„Amen, ja, komm, Herr Jesus!"* (Offb 22,20). Die Bibel ist ein offenes Buch, offen hin nach vorne, so wie es unser Glaube ist. Christlicher Glaube ist der Glaube an die Zukunft des kommenden Gottes, des kommenden Christus. Daran erinnert uns die Adventszeit. In diese Bewegung nimmt uns die Adventszeit hinein. Durch die Jahrtausende hindurch geht diese Bewegung, und sie kommt nicht zum Stillstand, so lange Menschen nicht aufhören, davon zu reden und diese Zeit zu begehen. Darum sind wir heute, an diesem Morgen, hier. Darum feiern wir heute in unseren christlichen Kirchen Advent. Darum zünden wir heute die erste Kerze an, als ein Licht in der Dunkelheit.

II. „Siehe, es kommt die Zeit"

Die Erfahrung von Gefahr und Rettung macht auch der Prophet Jeremia. Er steht an einer Schnittstelle der Geschichte seines Volkes, in einer Zeit der Krise. Im sechsten Jahrhundert vor Christus spürt Israel, wie die Babylonier im Norden immer stärker werden. Die Truppen König Nepukadnezars stehen vor den Toren Jerusalems. Das davidische Königtum, das Königreich Israel, steht in großer Gefahr. Es steht auf der Kippe, und es wird schließlich fallen: 586 nehmen die Babylonier Jerusalem ein und zerstören den Tempel. Die führenden Schichten des Volkes werden ins Exil nach Babylon deportiert. Die Zukunft des Volkes ist bedroht. Gibt es eine Zukunft?

Gibt es eine Zukunft? Vielleicht überfällt uns diese Frage auch manchmal. Wenn wir in unsere Welt blicken und Zerstörung und Bedrohung wahrnehmen. Wenn wir auf uns selbst schauen und merken, wie wir alt werden und unsere Kräfte abnehmen. Wenn uns eine Krankheit befällt oder wir in eine Situation kommen, in der es uns schwer fällt zu sehen, wie unser Weg weitergehen soll. Dann ist uns diese Frage nahe: Gibt es eine Zukunft? Um die Tiefe, die diese Frage für Jeremia hat, zu verstehen, müssen wir uns klarmachen, was das Königtum Davids für Israel bedeutet: Es ist in der Erinnerung dieses Volkes die Zeit, in der Gott seinem Volk ganz nah ist. Die Zeit, in der sich die Verheißung erfüllt hat, dass er sein Volk aus der Knechtschaft befreit und in ein Land führt, in dem es leben kann. Die Zeit, in der Gott selbst im Tempel inmitten seines Volkes da ist und gefunden werden kann. Diese Zeit neigt sich dem Ende zu. Jeremia spürt es ganz deutlich. Jeremia spürt die Gefahr. Mitten in diese Gefahr hinein ergeht sein Wort der Verheißung und der Rettung, das wir an diesem ersten Adventssonntag als ein Wort an uns heute hören:

(5) Siehe, es kommt die Zeit, spricht der HERR, dass ich dem David einen gerechten Spross erwecken will. Der soll ein König sein, der wohl regieren und Recht und Gerechtigkeit im Lande üben wird. (6) Zu seiner Zeit soll Juda geholfen werden und Israel sicher wohnen. Und dies wird sein Name sein, mit dem man ihn nennen wird: „Der HERR ist unsere Gerechtigkeit".

Darum siehe, es wird die Zeit kommen, spricht der HERR, dass man nicht mehr sagen wird: „So wahr der HERR lebt, der die Israeliten aus Ägyptenland geführt hat!", (8) sondern: „So wahr der HERR lebt, der die Nachkommen des Hauses Israel herausgeführt und hergebracht hat aus dem Lande des Nordens und aus allen Landen, wohin er sie verstoßen hatte." Und sie sollen in ihrem Lande wohnen.

„Wo aber Gefahr ist, wächst das Rettende auch" – Diese Erfahrung macht offensichtlich auch Jeremia. Aber diese Erfahrung ist etwas gänzlich anderes als die Verdrängung der Gefahr. Jerusalem wird untergehen. Das Königtum der Familie Davids wird enden. Immer wieder schärft Jeremia es seinen Leuten ein. Immer wieder kritisiert er die, die sich und das Volk in Sicherheit wiegen. Die, die sagen: „Es wird schon nicht so schlimm kommen! Es wird schon alles gut gehen! Das haben wir doch schon immer irgendwie hinbekommen!" Jeremia kritisiert die, die die Gefahr so abwiegeln, als „falsche Hirten": *„Weh euch, ihr Hirten, die ihr die Herde meine Weide umkommen lasst und zerstreut, spricht der Herr"* (Jer 23,1). Es geht hier um etwas anders als um Vertröstung und Realitätsverweigerung. Das scheint mir heute wieder neu wichtig. Denn manches spricht dafür, dass auch heute wieder viele Menschen nur die einfachen Botschaften hören. Nur die Botschaften der Anführer, die keine Zweifel kennen und keine Bedrängnis, die uns sagen: „Ich mache das schon für euch!" Solche starken Männer und Frauen stehen heute wieder auf. Und viele folgen ihnen. Viele schenken ihnen Glauben. Jeremia streitet gegen sie: „Lasst euch nichts Falsches versprechen! Glaubt nicht, dass es einfach wird! Glaubt nicht, dass es hilft, wenn ihr euch die Sache einfacher macht, als sie ist!" „Es sind falsche Hirten, die euch solches versprechen", so ruft Jeremia es uns zu.

Und gleichzeitig entsteht in der Stunde, in der Jeremia den Untergang des Königtums Davids ankündigt, eine neue Hoffnung: Gott wird dem David einen gerechten Spross erwecken. Er wird sich seinem Volk wieder zuwenden und ihm Zukunft schenken. Es ist das Bild einer Pflanze, die der Prophet hier verwendet: Sie ist noch nicht zu sehen. Sie ist erst noch ganz klein und unscheinbar da. Als ein Samenkorn in der Erde. Aber die Saat wird aufgehen. Sie wird Früchte tragen, so dass alle es sehen können. Jeremia öffnet uns dafür den Blick: „Siehe, es kommt die Zeit ...". „Schaut einmal genau hin!" „Werdet aufmerksam für die Zeichen!" „Werdet aufmerksam für das Rettende, das in der Gefahr erwächst!" „Werdet aufmerksam für die Zukunft des kommenden Gottes!"

III. Der wahre Hirte

Dazu lädt Jeremia uns heute, am ersten Advent ein: Aufmerksam zu werden für die Zukunft des kommenden Gottes. Uns die Augen öffnen zu lassen für ihn. Zu glauben, dass er zu uns kommt in Jesus. In ihm, dem wahren Hirten, der so ganz anders ist als die, die heute wieder groß dastehen. In ihm, dem Sohn Gottes, in dem Gott selbst in unsere Welt kommt, um unser Leben zu erleuchten. Es fängt ganz klein an. Mit einer einzigen, ersten Kerze. Ein Licht aber, das die Verheißung in sich trägt, unser Leben zum Leuchten zu bringen und unsere Welt. So entsteht Hoffnung.

„Wo aber Gefahr ist, da wächst das Rettende auch" – In dieser Erfahrung ist das Geheimnis des Glaubens enthalten. Dieses Geheimnis, das sich wie ein roter Faden durch die Texte der Bibel hindurchzieht. Dieses Geheimnis, das Israel mit seiner Erfahrung verbindet, dass Gott sein Volk einst aus der Knechtschaft in Ägypten befreit und in die Freiheit geführt hat zum Leben. Gott führt in die Freiheit, in der wir leben können! Das ist die Erfahrung des Glaubens. Und nun verheißt Jeremia etwas, das sehr wichtig ist. Er sagt: *Darum siehe, es wird die Zeit kommen, spricht der HERR, dass man nicht mehr sagen wird: „So wahr der HERR lebt, der die Israeliten aus Ägyptenland geführt hat!", sondern: „So wahr der HERR lebt, der die Nachkommen des Hauses Israel herausgeführt und hergebracht hat aus dem Lande des Nordens und aus allen Landen, wohin er sie verstoßen hatte."* In der Stunde der Gefahr verweist Jeremia sein Volk nicht nur auf die Vergangenheit. Er bleibt nicht bei der Abwiegelung stehen: „Das haben wir immer schon irgendwie hinbekommen." Sondern er verweist gleichzeitig auf die Zukunft. Er sagt ihnen: „Gott hat nicht nur an den Vätern gehandelt, nicht nur damals. Er wird euch wieder neu in die Freiheit führen und neu Räume zum Leben schenken!" Das Volk Israel wird nicht im Exil bleiben. Es wird einen Neuanfang geben, weil Gott diesen Neuanfang schenkt. Gott handelt nicht nur in den alten Texten der Bibel. Er handelt an euch auch heute! Er schenkt euch heute Freiheit und Leben! Haltet Ausschau danach! Streckt euch danach aus! Hört nicht auf, daran zu glauben!

Wenn wir heute dieses Wort hören als ein Wort über den kommenden Jesus, dann heißt das: Jesus kam nicht nur damals in unsere Welt. Er ist keine Gestalt der Vergangenheit. In ihm ist Gott *heute* in unserer Welt da. In ihm ist er da, indem er zu uns *kommt*. Er ist der König, in dem Gott in dieser Welt herrscht – trotz allem. Nicht so, dass wir das immer sehen und spüren können. Aber doch so, dass wir nicht aufhören uns danach zu sehnen, uns danach auszustrecken. Daran zu glauben, dass unsere Welt und unser Leben zugeht auf die Zukunft des kommenden Christus, der heute schon sein Licht bei uns entzündet und uns Hoffnung schenkt.

20. Das Licht der Welt (Joh 8,12–16)[33]

(12) Da redete Jesus abermals zu ihnen und sprach: Ich bin das Licht der Welt. Wer mir nachfolgt, der wird nicht wandeln in der Finsternis, sondern wird das Licht des Lebens haben. (13) Da sprachen die Pharisäer zu ihm: Du gibst Zeugnis von dir selbst; dein Zeugnis ist nicht wahr. (14) Jesus antwortete und sprach zu ihnen: Auch wenn ich von mir selbst zeuge, ist mein Zeugnis wahr; denn ich weiß, woher ich gekommen bin und wohin ich gehe; ihr aber wisst nicht, woher ich komme oder wohin ich gehe. (15) Ihr richtet nach dem Fleisch, ich richte niemand. (16) Wenn ich aber richte, so ist mein Richten wahr, denn ich bin's nicht allein, sondern ich und der Vater, der mich gesandt hat.

I. Das Licht der Welt

„Ich bin das Licht der Welt", sagt Jesus von sich selbst. Es ist, als ob er uns damit noch einmal erschließt, was wir eigentlich feiern, wenn wir Weihnachten feiern. Es ist ja nicht einfach nur die Geburt irgendeines Kindes, es ist die Geburt *dieses* Kindes, dieses *einen*, der von sich sagen kann: „Ich bin das Licht der Welt." Und diese Aussage ruft Widerspruch hervor. Sie muss Widerspruch hervorrufen, bei den Pharisäern, die sich ihr Leben lang mit der Auslegung der Heiligen Schrift beschäftigt haben, bei denen, die sehr genau wissen, was man verantwortlich sagen darf und was nicht. Wir dürfen es uns mit den Pharisäern nicht zu leicht machen. Sie sind keine böswilligen Menschen. Sie sind auch nicht einfach Heuchler, zu denen sie oft gemacht wurden in unserer Tradition. Aus Friesland stammt die Geschichte von dem asketischen Pastor, in dessen Gegenwart sich die Menschen nicht getrauten, Alkohol zu trinken. Sie nahmen deshalb Kaffee mit Sahne und schütteten Rum hinein, so dass man den Alkohol nicht riechen konnte. Als der Pastor den Schwindel entdeckte, soll er ausgerufen haben: „Ihr Pharisäer!" Daher hat dieses Getränk bis heute seinen Namen „Pharisäer". Man hat die Pharisäer oft zu Heuchlern gemacht. Zu Menschen, die etwas vorgeben, was sie eigentlich selbst gar nicht halten. Aber damit macht man es sich zu leicht! Und damit würden wir es uns auch zu leicht im Blick auf die Szene machen, die wir hier vor Augen haben.

Die Pharisäer widersprechen Jesus nicht deshalb, weil sie unredlich wären. Sie widersprechen ihm, weil sie nur zu genau wissen, was Jesus da von sich behauptet. Und damit schärfen sie auch uns an diesem Tag den Blick. Damit reißen sie auch uns heraus aus der Heimeligkeit der Weihnachtsfeiern dieser Tage, aus dem Lull aus Weihnachtsmännern und übergewichtigen „Christkindle" mit gold-lockiger Haarpracht, die angeblich die Geschenke bringen an Heiligabend. Sie reißen uns heraus und machen uns

[33] Predigt am zweiten Weihnachtsfeiertag (26. Dezember 2016) in der Erlöserkirche Unterhausen.

aufmerksam auf das, was wir als Christen glauben. Auf den Anspruch, den Jesus für sich stellt. Auf das, was wir feiern, wenn wir Weihnachten feiern. Sie machen uns darauf aufmerksam, so wie uns in den vergangenen Jahren insbesondere die Konfrontation mit dem Islam aufmerksam macht auf das, was wir glauben. Auch hier wäre es falsch, dem Gegenüber Böswilligkeit zu unterstellen. Aber die Kritik an dem Glauben, dass in Jesus Gottes Sohn selbst in unsere Welt kommt, sie darf gerade nicht dazu führen, dass wir davor zurückschrecken. Sie kann und muss uns zum klaren Bekenntnis führen: „Ja, daran glauben wir: dass Jesus Gottes Sohn ist." Dass in ihm der Schöpfer der Welt selbst zur Welt kommt. Dass *er* es ist, der in der Krippe von Bethlehem liegt. Dass *er* es ist, der seinen Jüngern vom Reich Gottes erzählt und Menschen heilt. Dass *er* es ist, der am Ende am Kreuz stirbt und der aufersteht. Dass *er* es ist, an dessen Gegenwart wir glauben, wenn wir miteinander das Heilige Abendmahl feiern. Das ist es, was Jesus von sich behauptet, wenn er sagt: „Ich bin das Licht der Welt."

II. Das Licht vom Anfang

Jesus greift damit ganz an den Anfang zurück, an das grundlegende Ereignis, mit dem das Leben beginnt. Der Evangelist Johannes beginnt sein Evangelium ja nicht zufällig mit jenem Christus-Lied, das wir gerade eben in der Schriftlesung gehört haben. Mit einem Lied, das an die ersten Worte der Bibel erinnert, wo es heißt: *„Und Gott sprach: Es werde Licht. Und es ward Licht."* (Gen 1,3). Das Licht ist das erste, das Gott schafft. Ohne Licht gibt es kein Leben. Während das Licht Orientierung ermöglicht, gilt die Finsternis als bedrohlich und beängstigend. In einer Zeit, in der unsere Städte zu keiner Zeit mehr wirklich dunkel werden, ist es vielleicht schwierig geworden, sich vorzustellen, wie finster es in der Nacht sein kann und wie bedrohlich die Menschen zu früheren Zeiten die Finsternis der Nacht empfanden: Wilde Tiere waren des Nachts unterwegs. In der Finsternis im Freien zu sein, war gefährlich und lebensbedrohlich. Dem gegenüber steht das Licht des Tages als die Ermöglichung von Leben. Das Licht wird so zum Inbegriff der Sehnsucht nach Leben, die unmittelbar mit der Sehnsucht nach Gott verbunden ist. So bekennt der Beter des 36. Psalms vor Gott: *„Bei dir ist die Quelle des Lebens, und in deinem Lichte sehen wir das Licht."* (Psalm 36,10)

Und nun heißt es von Jesus, dass er dieses Licht *ist*. Dass in ihm bereits die Welt geschaffen wurde (Joh 1,3), dass in ihm ganz am Anfang bereits ein Licht in der Finsternis schien, das bis heute scheint (Joh 1,5). Das Licht des Lebens, das aufgeleuchtet ist in der Weihnachtsnacht, über dem dunklen Feld, auf dem die Hirten saßen, so dass sie sich fürchterlich erschraken: „... und sie fürchteten sich sehr" (Lk 2,9). Zu diesem Erstaunen, ja Erschrecken, zu dieser Ehrfurcht vor Gottes Heiligkeit führt Jesus uns heute, wenn er zu uns sagt: „Ich bin das Licht der Welt." Zu dieser Begegnung führt er uns, wenn wir unser Leben in diesem Gottesdienst zu Jesus bringen und er uns ganz nahe kommt im Mahl, in dem er sich uns selbst gibt: ‚Das bin ich für Dich! Nimm hin und iss! Nimm und trink! So komme ich zu Dir!'

Es ist die Verheißung, dass unsere Sehnsucht nach Leben in dieser Begegnung gestillt wird. Die Geschichte des Volkes Israels ist geprägt von dieser Sehnsucht. Durch die bedrückenden Erfahrungen seiner Geschichte hindurch bricht sich immer wieder die Hoffnung auf Gottes Gegenwart bei seinem Volk Bahn. Diese Hoffnung wird als das Kommen des Lichtes, als der Anbruch eines neuen Tages zur Sprache gebracht: *„Das Volk, das im Finstern wandelt, sieht ein großes Licht, und über denen, die da wohnen im finstern Lande, scheint es hell."* (Jes 9,1) Wie die Sonne aufgeht und nach und nach den Horizont und schließlich das ganze Land erleuchtet, so sehen die Menschen, die auf Gott hoffen, ihr eigenes Leben durch sein Kommen erleuchtet, so dass der Prophet Jesaja seinem Volk zuruft: *„Mache dich auf, werde licht; denn dein Licht kommt, und die Herrlichkeit des Herrn geht auf über dir! Denn siehe, Finsternis bedeckt das Erdreich und Dunkel die Völker; aber über dir geht auf der Herr, und seine Herrlichkeit erscheint über dir."* (Jes 60,1+2) Dass Gott der Schöpfer ist, bedeutet für die Menschen der Bibel nicht nur, dass er einst am Anfang das Licht geschaffen hat, sondern auch, dass er es je und je neu aufgehen lassen und so neu Leben schenken kann.

In diese tiefe Hoffnungs- und Sehnsuchtsgeschichte hinein erzählt das Neue Testament vom Kommen Jesu in die Welt. So kündigt im Lukasevangelium Zacharias den kommenden Christus an, der über seinem Volk aufgehen wird wie ein neuer Tag *„durch die herzliche Barmherzigkeit unseres Gottes, durch die uns besuchen wird das aufgehende Licht aus der Höhe, damit es erscheine denen, die sitzen in Finsternis und Schatten des Todes, und richte unsere Füße auf den Weg des Friedens."* (Lk 1,78+79) *Dieses* Licht leuchtet hell und klar in der Weihnachtsnacht auf.

Der Evangelist Johannes hat den Zusammenhang des ersten Schöpfungstages mit dem Kommen Jesu direkt hergestellt, wenn er am Beginn seines Evangeliums von dem Sohn Gottes sagt: „… in ihm war Leben, und das Leben war das Licht der Menschen; Und das Licht scheint in der Finsternis, und die Finsternis hat es nicht ergriffen." (Joh 1,4+5) In Jesus kommt Licht in die Welt, ein Licht, das von der Finsternis zwar nicht aufgenommen, aber eben auch nicht überwunden wird. Das alles ist mitzuhören, wenn Jesus von sich sagt: „Ich bin das Licht der Welt; Wer mir nachfolgt, wird nicht wandeln in der Finsternis, sondern wird das Licht des Lebens haben." (Joh 8,12) Mit Jesus als dem Licht der Welt findet die Bibel ihr Zentrum.

Zu diesem Zentrum führt uns die Weihnachtsbotschaft. Zu diesem Zentrum, mit dem deutlich wird, was Glaube an Gott, den Schöpfer, eigentlich bedeutet. Es bedeutet, dass wir es Gott zutrauen, dass er Leben schaffen kann. Dass er der Ursprung unseres Lebens ist, dem wir vertrauen können. Es bedeutet, dass wir all die Dunkelheiten unseres Lebens, unsere Angst und Sorgen, unsere Erfahrungen der Krankheit und des Todes zu Gott bringen, weil wir ihm zutrauen, dass er *neu* Leben schenken kann. Vielleicht nicht immer im Hier und Jetzt. Aber doch so, dass das Leben, das Gott geschaffen hat, nicht einfach verloren geht. In die Weihnachtsbotschaft sind deshalb auch all die Menschen aufgenommen, die leiden. Auch all die, die im Sterben liegen oder bereits gestorben sind. In die Weihnachtsbotschaft sind deshalb all die Sorgen aufgenommen, mit denen wir vielleicht ins neue Jahr blicken. Sie werden aufgenommen und erleuchtet, so dass wir unseren Blick neu aufrichten können, das neue Jahr, das kommt, neu von Gott empfangen können und deshalb Menschen werden, die auf das Licht des neuen Tages hoffen, weil wir glauben, dass es in Jesus bereits in unserer Welt da ist: *„Mache dich auf, werde licht; denn dein Licht kommt, und die Herrlichkeit des Herrn geht auf über dir! Denn siehe, Finsternis bedeckt das Erdreich und Dunkel die Völker; aber über dir geht auf der Herr, und seine Herrlichkeit erscheint über dir."* (Jes 60,1+2)

III. Der Spur des Lichtes folgen

Und noch einmal führt uns der Widerspruch der Pharisäer zu dem Punkt, auf den es ankommt. Ob Jesu Wort wahr ist, ob es wahr ist, dass er das Licht der Welt ist, ob er das wirklich mit Recht von sich selbst sagt, das werden wir nicht aus der Distanz heraus klären. Das werden wir nicht durch theoretische Überlegungen oder durch Spekulationen beantworten. Das werden auch nicht die vielen reißerischen Artikel und Bücher über Jesus von Nazareth – die angeblich wissen, „wer Jesus wirklich war" –, die jedes Jahr zur Weihnachtszeit wieder kursieren, klären. Ob Jesu Wort wahr ist, das werden wir nur erfahren, wenn wir uns auf ihn einlassen. Wenn wir der Spur dieses Lichtes folgen. Ob wir uns darauf einlassen, wenn Jesus zu uns sagt: *„Wer mir nachfolgt, der wird nicht wandeln in der Finsternis, sondern wird das Licht des Lebens haben."*

So weist uns Jesus an diesem zweiten Weihnachtsfeiertag, mit dem wir das Weihnachtsfest beschließen, auf den Weg. Wir können nicht einfach stehen bleiben und Weihnachten einfach „festhalten". Wir können uns aber auf den Weg machen und wissen: „Haben" kann man dieses Licht nur, wenn man ihm folgt. Dann aber steht die Verheißung, über unserem Leben, dass Gott sein Licht, das in Jesus erschienen ist, je und je neu aufgehen lässt über uns, so dass wir zu „Kindern des Lichts und Kindern des Tages" (1Thess 5,5) werden, in der Erwartung des Lichtes, das von dem her kommt, der von sich sagt: *„Ich bin das Licht der Welt."*

21. Ein Traum für diese Welt (Mt 5,1–12)[34]

(1) Als Jesus die vielen Menschen sah, stieg er auf einen Berg. Er setzte sich, und seine Jünger traten zu ihm. (2) Dann begann er zu reden und lehrte sie.
(3) Er sagte: Selig, die arm sind vor Gott; denn ihnen gehört das Himmelreich.
(4) Selig die Trauernden; denn sie werden getröstet werden.
(5) Selig, die keine Gewalt anwenden; denn sie werden das Land erben.
(6) Selig, die hungern und dürsten nach der Gerechtigkeit; denn sie werden satt werden.
(7) Selig die Barmherzigen, denn sie werden Erbarmen finden.
(8) Selig, die ein reines Herz haben; denn sie werden Gott schauen.
(9) Selig, die Frieden stiften; denn sie werden Söhne Gottes genannt werden.
(10) Selig, die um der Gerechtigkeit willen verfolgt werden; denn ihnen gehört das Himmelreich.
(11) Selig seid ihr, wenn ihr um meinetwillen beschimpft und verfolgt und auf alle mögliche Weise verleumdet werdet.
(12) Freut euch und jubelt: Euer Lohn im Himmel wird groß sein. (EÜ)

I. Ein Traum für diese Welt

Ein Traum für diese Welt – Das sind die Seligpreisungen der Bergpredigt, mit denen wir ins Zentrum der Botschaft des Matthäusevangeliums eintreten. Bevor Jesus seinen Jüngern erklärt, was Gottes Wille für sie ist, preist er sie selig. Bevor er eintritt in die Erörterung der schwierigen Einzelfragen zeichnet er seine Vision für diese Welt, die Gottes eigene Vision ist, Gottes Traum, in dem wir vorkommen. Dass es *Gottes* Traum ist, das zeigt sich bereits daran, dass Jesus *auf einen Berg* steigt. Denn auf einem Berg – dem Berg Sinai – hat das Volk Israel einst das Gesetz Gottes empfangen. Von einem Berg aus empfängt die christliche Gemeinde nun ihr *neues* Gesetz, das Gesetz Jesu Christi, des gekreuzigten und auferstandenen Herrn, *unseres* Herrn, in dessen Namen wir auch an diesem Sonntag gemeinsam versammelt sind, um miteinander Gottesdienst zu feiern.

Aber wie anders kommt dieses Gesetz daher! Wie anders als unsere Gesetze, wie anders auch als vieles, was wir in unserer kirchlichen Arbeit miteinander tun! Auch auf dem Gebiet der Ökumene lässt sich das beobachten: Da gibt es Debatten über Ämter und Strukturen, über Kirchen- und Abendmahlsverständnis, über die Verteilung von

[34] Predigt zum Bibelsonntag am 29. Januar 2017 in der katholischen Kirche Heiliger Bruder Konrad in Unterhausen.

Aufgaben und die Einsparung von Ressourcen. Wie anders ist das alles als dieser Beginn der Bergpredigt Jesu. Wie anders ist das, wenn wir über Strukturen diskutieren, anstatt uns auf den Weg zu machen. In der vergangenen Woche haben wir von der *Bewegung* gesprochen, die von Jesus Christus ausgeht, von der Bewegung, in die er uns versetzt. Und wir haben uns selbst in Bewegung setzen lassen, einfach dadurch, dass wir zusammengekommen sind, um miteinander auf die Botschaft der Bibel zu hören, einfach dadurch, dass wir heute miteinander Gottesdienst feiern – jenseits der Frage von Gesetzen und Strukturen.

Am Anfang steht ein Traum – eine Vision. Das ist bei Jesus so. Und das muss auch bei uns so sein. Sonst kommt nichts in Bewegung. Sonst bleiben wir stecken im Alten. Davon erzählen uns die Seligpreisungen der Bergpredigt. Vielleicht kennen Sie den Satz, der dem französischen Schriftsteller Antoine de Saint-Exupéry zugeschrieben wird: „Wenn du ein Schiff bauen willst, dann trommle nicht Männer zusammen um Holz zu beschaffen, Aufgaben zu vergeben und die Arbeit einzuteilen, sondern lehre die Männer die Sehnsucht nach dem weiten, endlosen Meer.“[35]

Sehnsucht – damit fängt es an. Gottes Sehnsucht nach uns und unsere Sehnsucht nach Gott. Sehnsucht danach, dass beides zusammenkommen kann: Gottes Wirklichkeit, sein guter und heilsamer Wille und dein und mein Leben. Der Traum, dass Himmel und Erde sich berühren, dieser Traum steht am Anfang. Darum beginnt Jesus seine Rede, indem er die seligpreist, die in unserer Welt ganz anders dastehen und sich nur wundern können, was Jesus da eigentlich sagt:

Den Armen vor Gott gehört das Himmelreich. Die Trauernden werden getröstet werden. Die Gewaltlosen werden das Land bekommen. Mit seinem Traum stellt Jesus die Welt auf den Kopf – und lehrt sie uns ganz neu zu sehen. Er sagt uns: Es gibt eine Sehnsucht für diese Welt, die nicht tot zu kriegen ist von eurem Realismus. Eine Sehnsucht, die uns einen Raum eröffnet, in dem wir in Bewegung geraten und uns auf den Weg machen. Jesus weckt diese Sehnsucht – seitdem er da ist, wohnt ein Sehnen tief in uns.

Im gemeinsamen Lesen des Matthäusevangeliums sind wir auf diese Bewegungen gestoßen: Am Anfang sind wir den Sterndeutern aus dem Morgenland begegnet, die sich auf den Weg machen (Mt 2,1–12), geführt vom Stern und von der Verheißung der Heiligen Schrift, dass ein König geboren werden soll. Und diese Bewegung hält bis

[35] Das Zitat lässt sich so wohl nicht nachweisen, vgl. aber *Antoine de Saint-Exupéry*, Die Stadt in der Wüste (Citadelle, 1949), Frankfurt am Main u.a. 1979, 291, Abschnitt 137: „… denn es geht darum, ihn (gemeint: den Menschen) mit etwas zu erfüllen, ebenso wie ich ihn mit dem Drange zum Meer erfülle, der aus ihm einen Schiffsbauer machen wird.“

heute an, bis hierher bei uns: So, wenn auch in diesem Jahr wieder die Sternsinger unterwegs waren und die Botschaft von diesem König in die Häuser unseres Ortes gebracht haben. Und dann am Ende sind es dann die Frauen am Grab (Mt 28,1ff), die in Bewegung geraten, weil sie die Botschaft des Engels hören, dass Jesus auferstanden ist. Die sich aufmachen, um anderen von Jesus zu erzählen und dass er bei uns ist auf dem Weg. Auch diese Bewegung hält an, bis heute, bis zu diesem Gottesdienst heute Morgen, in dem wir von Jesus hören und zu ihm kommen, weil wir glauben, dass er uns heute begegnet. Jesus bringt in Bewegung, wenn er für diese Welt träumt. Jesus weckt Sehnsucht in uns nach dem weiten endlosen Meer – über die Grenzen unserer Welt und unserer Erfahrungen hinaus. Damit fängt es an.

II. Evangelium, nicht Gesetz

Und deshalb steht dann eben auch im Zentrum der Seligpreisungen die Sehnsucht, sie ist der Dreh- und Angelpunkt. Wenn es diesen Dreh- und Angelpunkt nicht gäbe, dann bliebe alles beim Alten, dann geriete nichts in Bewegung. Darum ruft Jesus uns zu:

Selig, die hungern und dürsten nach der Gerechtigkeit; denn sie werden satt werden.

„Gerechtigkeit" – in diesem Wort ist alles aufgehoben, was wir für unsere Welt erhoffen. Sie ist das Ziel der Sehnsucht, die mit Jesus in unsere Welt kommt, und die es bis heute gibt. All unser Suchen nach Strukturen, nach Gesetzen und Bestimmungen haben sie ja zum Ziel: Dass es gerecht zugehen möge bei uns, so, dass der Einzelne zu seinem Recht kommt und dass ein Zusammenleben gelingt.

Aber bei dieser Suche nach der Gerechtigkeit stoßen wir auch an die Grenzen. Mir fällt das in den letzten Jahren ganz besonders auf: Wie stark diese Sehnsucht nach der Gerechtigkeit ist, auch in unserer Gesellschaft und auch in der Politik. Der Gedanke der Gleichheit der Menschen unterschiedlicher Herkunft oder unterschiedlichen Geschlechts ist zur Leitvorstellung geworden, an der wir uns ausrichten. Aber oft führt dieses Streben dann gerade *nicht* in die Freiheit. Oft wird dieses Streben den Menschen gerade *nicht* gerecht. Es wird dem Menschen dann nicht gerecht, wenn wir diese Gerechtigkeit nun zu einem neuen Gesetz machen, wenn wir meinen, Gleichheit sei auf dem Weg von Gesetzesbestimmungen und Strukturen zu erreichen. Wenn wir meinen, was Gerechtigkeit ist, könne man abstrakt und allgemein bestimmen – dann werden wir dem Einzelnen und der Einzelnen gerade *nicht* mehr gerecht.

Die Gerechtigkeit, von der Jesus spricht, ist *kein* allgemeines Gesetz. Es ist eine Gerechtigkeit, die nur *in ihm selbst* da ist. Sie ist nur da, weil Jesus in unserer Welt ist. Wir hören von ihr nur, weil er vom Berg her zu uns redet und eben nicht nur die Sehnsucht in uns weckt, sondern gleichzeitig auch die *Erfüllung* unserer Sehnsucht verheißt:

Selig, die hungern und dürsten nach der Gerechtigkeit; denn sie werden satt werden.

Nicht nur hungern und dürsten, sondern satt werden, das verheißt uns Jesus. Momente, in denen wir spüren: die Gerechtigkeit ist da. Sie ist nichts, was wir selbst schaffen müssen, sondern etwas, das uns geschenkt wird. Sie ist keine abstrakte Vorstellung, kein gedankliches Ideal, sondern entsteht in einer Begegnung, in der man uns und wir dann einander gerecht werden, in der wir uns gegenseitig wahrnehmen und uns Räume eröffnen.

In unserer Geschichte gibt es viele Beispiele dafür, wie ein gutes Ideal zur Tyrannei geworden ist, weil man es in ein Gesetz gepresst hat. Und auch heute kommt es mir oft so vor, als ob das krampfhafte Streben nach Gerechtigkeit zu Gesetzlichkeit und zu Unfreiheit führt, zu Strukturen und immer mehr gesetzlichen Bestimmungen und Vorschriften, durch die wir uns nicht mehr bewegen können. Von einer solchen Gerechtigkeit redet Jesus gerade *nicht*. Nein, er selbst wird an einem solchen Gerechtigkeitsverständnis zerbrechen. Jesu Traum für diese Welt kostet ihn das Leben. Die Welt, der er den Willen Gottes ansagt, verurteilt ihn zum Tod.

III. Den Raum betreten

Aber vom Kreuz aus, so haben wir am vergangenen Freitag bei Matthäus gelesen, geht eine neue Bewegung aus: Jesus bleibt nicht im Tod. Er geht durch den Tod hindurch. Und dann geschieht da etwas, das bemerkenswert ist: Die Jünger, die gedacht haben, der Bergprediger sei gescheitert, sie brechen auf einmal neu auf. Die Frauen am Grab hören, dass Jesus auferstanden ist – und machen sich auf den Weg (Mt 28,8). Und auf diesem Weg – erst jetzt! – begegnet ihnen Jesus. Das ist die große Verheißung, die uns Matthäus verkündigt, wenn er die Geschichte von Jesus erzählt: Dass wir ihm selbst begegnen können, wenn wir uns auf den Weg machen. Auch wir, auch an diesem Ort, als christliche Gemeinden, als die *eine* Gemeinde Jesu in der Gestalt unterschiedlicher Kirchen und Konfessionen.

Am Anfang steht ein Traum. Und unsere Welt braucht Menschen, die für diese Welt träumen. Sie braucht Menschen, die sich auf den Weg machen und darauf vertrauen, dass Jesus in dieser Welt da ist. Dass er uns begegnen kann und uns je und je zeigt, was unsere Aufgabe ist in der Welt. Der uns den Mut macht nicht alles, was wir tun, in eherne Gesetze zu packen, sondern je und je frei zu werden für den anderen und für das, was er im Moment braucht. Machen wir uns doch immer wieder neu auf den Weg! Hören wir doch auf, über Entwicklungen zu klagen und fangen wir an, neu zu entdecken, was für eine großartige Botschaft wir als christliche Gemeinde haben, die unsere Welt braucht. Werden wir mutig, von unserem Glauben in unserer Welt zu reden und ihn gemeinsam zu leben – von Jesu Traum für diese Welt, von der Sehnsucht nach Leben, die am Ende auch den Tod überwindet und die Furcht wandelt in Freude.

22. Zu Jesu Füßen sitzen und hören (Lk 10,38–42)[36]

I. Auf dem Weg

Von einer Geschichte, die auf dem Weg spielt, hören wir heute. Es ist die bekannte Geschichte von „Maria und Martha", die der Evangelist Lukas erzählt. Lukas erzählt davon, wie Jesus sich auf den Weg macht, auf den Weg nach Jerusalem, hinein ins Leiden und zu seinem Tod am Kreuz. Und davon, wie er seine Jüngerinnen und Jünger mitnimmt auf diesen Weg. An dieser Stelle stehen auch wir als christliche Gemeinde heute. Am Beginn eines Weges. Heute, am Sonntag Estomihi, dem letzten Sonntag vor der Passionszeit, der mit seinem Namen daran erinnert, wodurch unser Leben einen Halt bekommt und dass es auf diesem Weg eben darum geht, wodurch wir Halt bekommen: *„Sei mir ein starker Fels und eine Burg, dass du mir helfest!"* (Psalm 31,3b) So haben wir vorhin mit den Worten des 31. Psalms gebetet.

Während um uns herum die „närrischen Tage", die Fastnachtsfeierlichkeiten für Trubel sorgen, richtet uns dieser Sonntag bereits aus auf die Zeit, die kommt. So wie Jesus am Beginn seines Weges nach Jerusalem seinen Blick dorthin ausrichtet und seine Jünger darauf vorbereitet, was auf diesem Weg geschieht (Lk 9,51). Auf *diesem* Weg handelt unsere Geschichte. Was sie uns erzählt, das geschieht auf dem Weg *zum Kreuz*. Wollen wir uns auf diesen Weg machen? Auf den Weg des Gekreuzigten? Ich denke, das wollen wir häufig *nicht*. Und das wollen auch die ersten Jünger nicht. Gerade eben in der Schriftlesung haben wir davon gehört, wie Petrus es Jesus auszureden versucht, an das Kreuz zu gehen, und wie scharf Jesus daraufhin auf Petrus reagiert (Mk 8,33). Wie er es den Jüngerinnen und Jüngern dann einschärft, dass es einen Weg mit ihm nur dann gibt, wenn wir das Kreuz nicht ausblenden, sondern es in der Mitte unserer Kirchen und unseres Glaubens stehen lassen.

Das Kreuz ist ärgerlich und sorgt für Ärger – das war von Anfang an so, und es ist es heute mehr denn je. Ich erinnere mich an einen Besuch, bei dem mir ein Gemeindeglied voller Ärger eine Darstellung eines Gekreuzigten zeigte und mir sagte: „Was soll denn ein ermordeter Mensch mitten in unseren Kirchen!" Und ich erinnere mich daran, wie

[36] Predigt am Sonntag Estomihi (26. Februar 2017) im Seniorenzentrum Honau und in der Johanneskirche Unterhausen.

die Bischöfe der evangelischen und katholischen Kirche in Deutschland beim Betreten des Tempelberges in Jerusalem ihr Kreuz abnahmen, wie sie sagten „aus Respekt vor den anderen Religionen". Wie das Kreuz immer wieder verschämt durch andere Symbole ersetzt wird – um nur nicht Vertreter anderer Religionen oder Nicht-Christen zu verstören. Das Kreuz stört. Mehr denn je. Und deshalb ist auch die Frage, ob wir uns auf den Weg machen wollen mit Jesus, wichtiger denn je. Vielleicht zeigt aber das Problem, das gerade wir Christen immer wieder mit dem Kreuz haben, auch, dass *wir selbst* erst einmal immer wieder neu begreifen müssen, was das Kreuz bedeutet und *weshalb* es im Zentrum unseres Glaubens steht. Wie es dazu kommt, dass wir das begreifen und wie es dann so zu einer Begegnung kommt mit dem, der sich auf den Weg macht zum Kreuz. Darum geht es in der Geschichte von Maria und Martha, wie Lukas sie erzählt:

(38) Als sie aber weiterzogen, kam Jesus in ein Dorf. Da war eine Frau mit Namen Marta, die nahm ihn auf. (39) Und sie hatte eine Schwester, die hieß Maria, die setzte sich dem Herrn zu Füßen und hörte seiner Rede zu. (40) Marta aber machte sich viel zu schaffen, ihm zu dienen. Und sie trat hinzu und sprach: Herr, fragst du nicht danach, dass mich meine Schwester lässt allein dienen? Sage ihr doch, dass sie mir helfen soll! (41) Der Herr aber antwortete und sprach zu ihr: Marta, Marta, du hast viel Sorge und Mühe. (42) Eins aber ist Not. Maria hat das gute Teil erwählt; das soll nicht von ihr genommen werden.

II. Jesus empfangen

Man hat diese Geschichte häufig so verstanden, dass hier zwei Schwester einander gegenübergestellt werden – als Gegenbild, gleichsam als „bad guy" und „good guy" – als die eine, die es falsch macht: Martha, und die andere, die es richtig macht: Maria. Aber so einfach ist es in dieser Geschichte nicht. Denn Martha tut zunächst einmal etwas, auf das es auf diesem Weg, auf dem Jesus sich befindet, gerade ankommt: Sie nimmt Jesus auf. Sie nimmt den Jesus auf, der auf dem Weg zum Kreuz geht. Schon das ist nicht selbstverständlich. Schon Jesus selbst weiß sehr genau, dass seine Jünger und er auf diesem Weg auch Ablehnung erfahren werden. Gleich zu Beginn seines Weges kehren sie in einem Samaritanerdorf ein – und werden abgewiesen: *„Und sie nahmen ihn nicht auf, weil er sein Angesicht gewandt hatte, nach Jerusalem zu wandern"*, heißt es da (Lk 9,53).

Geradezu im Kontrast dazu steht am Anfang unserer Geschichte der Satz: *„Da war eine Frau mit Namen Martha, die nahm ihn auf.“* Martha weiß, wer der ist, der da zu ihr kommt, und darum nimmt sie ihn auf. Vielleicht steht diese Geschichte für den Evangelisten Lukas auch für das Verhalten der Gemeinde, der Kirche, und könnte auch für uns heute stehen: Wir nehmen Jesus auf. Wir reden ja von Jesus. Wir haben ja das Kreuz in unserer Mitte. Wir stellen Programme auf und planen, was wir alles tun können in unserer Gemeinde. Und darin gleichen wir Martha.

Und dann hören wir, dass über dieser Aufnahme Jesu eine große Verheißung steht. Unmittelbar vor unserer Erzählung berichtet Lukas davon, wie Jesus seine Jünger aussendet und zu ihnen sagt: *„Und wenn ihr in eine Stadt kommt und sie euch aufnehmen, dann esst, was euch vorgesetzt wird, und heilt die Kranken, die dort sind, und sagt ihnen: Das Reich Gottes ist zu euch gekommen!“* (Lk 10,9) Denen, die Jesus und seine Jünger aufnehmen, wird verheißen, dass sie Heilung erfahren werden. Heilung, die darin besteht, dass Gott ihnen ganz nahe kommt. Darin, dass sie durch die Begegnung spüren: Gott macht sich zu mir auf den Weg. Er ist der Welt nicht ferne, sondern er kommt in dein und mein Leben. Er sucht mich dort auf, wo ich bin. In meinem Alltag mit seinen Sorgen und Problemen. In meinem Leben mit seinen Sehnsüchten, Hoffnungen und Ängsten. In meinem Herzen, dort, wo sonst niemand hinein sieht. Dorthinein kommt Gott. Und diese Begegnung tut gut. Sie richtet uns neu aus.

Aber dann geschieht etwas, das diese Begegnung mit Jesus wieder verdeckt: Martha beginnt voller Eifer, sich um Jesus zu kümmern. Und dann wird sie ärgerlich auf ihre Schwester Maria, die einfach nur dasitzt und Jesus zuhört. Dabei geht es Martha doch auch um Jesus! Und das geht es uns doch auch! Bei all dem, was wir an Organisatorischem anstellen, bei allen Strukturüberlegungen, Haushaltsplänen und Planungen. Und so ist es ja auch im Leben eines jeden Einzelnen von uns: Wir müssen verantwortungsvoll handeln, wir müssen planen und vorausschauen, Vorsorge treffen und die Zukunft ein Stück weit vorwegnehmen. All das ist nicht *per se* schon schlecht. Schlecht wird all das nur dann, wenn wir darüber *das Hören* vergessen. Schlecht wird das erst dann, wenn wir meinen, wir hätten Jesus doch schon aufgenommen, in unserer Kirche und auch in meinem Leben. Wenn wir meinen, wir müssten uns nicht immer wieder neu zu seinen Füßen setzen wie Maria – und auf sein Wort, das Wort, das von ihm selbst redet, *hören*. Christliche Gemeinde, das haben gerade die Reformatoren wieder neu entdeckt, ist zuerst und vor allem: hörende Gemeinde. Eine Gemeinschaft von Menschen, die versammelt ist um Gottes Wort. Die sich ausstreckt nach diesem Wort. Die weiß, dass wir zum Leben nichts dringender brauchen als dieses Wort. Lassen wir uns das doch immer wieder gesagt sein! Dass wir uns Räume nehmen und schenken sollen, in denen wir hören können. Das ist heute wichtiger denn je. Machen wir nicht einfach mit bei der Geschäftigkeit der Welt und versuchen wir nicht, damit zu konkurrieren. Leisten wir es uns einfach zu hören, ruhig zu werden miteinander, damit Hören geschehen kann.

III. Was nötig ist

Vielleicht kann ja diese Passionszeit eine solche Zeit werden, in der wir neu einüben zu hören. Dann, und nur dann kann sich uns erschließen, was auf diesem Weg, den Jesus zum Kreuz geht, geschieht. Dann können wir neu begreifen, wer Gott für uns eigentlich ist, wenn wir ihn uns von Jesus, dem Gekreuzigten, zeigen lassen.

Ich erlebe das gerade mit meinen Schülerinnen und Schülern am Friedrich-List-Gymnasium. Wir haben im ersten Halbjahr das große Thema „Gott" miteinander behandelt. Wir haben den Film „Exodus" miteinander angeschaut, in dem die Geschichte des Auszugs aus Ägypten spektakulär in Szene gesetzt wird. Und wir haben dann bemerkt: Von Gott spürt man in diesem Film nicht viel. Eigentlich bleiben uns nur noch mehr Fragen: Warum geschieht dort so viel Leid? Warum ist die Geschichte so brutal? Und dann haben wir einen Auszug aus Jürgen Moltmanns Buch gelesen, das den Titel trägt: „Der gekreuzigte Gott". Wir haben die Szene aus dem Markusevangelium gelesen, die von Jesu Tod am Kreuz erzählt. Und gemerkt: Da ist Gott auf einmal ganz nah. Er steht nicht jenseits des Kreuzes als ein grausamer Gott, der all das verursacht. Er geht selbst ans Kreuz. Damit wir selbst im Tod noch, auch noch im Leid, nicht allein sind, sondern er bei uns ist. Das Kreuz Jesu Christi steht *um der Leidenden* willen im Zentrum. Es steht deshalb im Zentrum, weil es Glaube an Gott nicht geben kann am Leid dieser Welt vorbei, sondern nur durch dieses Leid hindurch. Nicht ohne die Hoffnung, dass Gott dieses Leid etwas angeht. Nicht ohne das Bemühen, Leid, wo es geht, zu lindern und zu wenden.

Manchmal können wir es erleben, wie dieser Gott, der im Gekreuzigten da ist, Menschen tatsächlich hilft. Eine solche Geschichte hat eine Kollegin in der vergangenen Woche auf einer Fortbildung erzählt: Sie erzählte von einer jungen Frau, die schwer krank war und zu der die Kollegin als Krankenhausseelsorgerin kam. Die mit Gott haderte und ihr entgegenhielt: „Gott bin ich doch ganz egal. Er hat mich einfach vergessen.“ Sie hat davon erzählt, wie sie dieser Frau Jesu Wort am Kreuz zugespielt hat: Sagt nicht der Gottessohn selbst am Kreuz: „Mein Gott, warum hast du mich verlassen?“ Und dann erzählte sie, wie diese Frau auf einmal wieder einen Zugang zu Gott bekam. Wie sie ihr ein Holzkreuz mitbrachte, das die Frau bis zum Schluss in ihrer Hand hielt. An dem sie sich festhalten konnte und ihr dann sagte: „Da ist mir Gott ganz nahe.“

Vielleicht müssen es nicht immer diese letzten Geschichten sein, die uns die Botschaft des Gekreuzigten erschließen. Sie erinnern uns aber daran, dass wir an einen Gott glauben, der ganz weltlich ist. Der an unserer Seite steht, um uns Kraft zu geben, auch das Dunkle in unserem Leben zu meistern. Daran erinnert uns das Wort, das Jesus Maria sagt. Es ist wie ein Licht, das er uns auf diesem Weg mitgibt, auf den Weg durch unser Leben: „Ich bin mit euch auf dem Weg!“ Wenn wir dieses Wort hören, dann steht über uns die Verheißung, die Jesus über Maria am Ende unserer Geschichte sagt: *„Maria hat das gute Teil erwählt, das nicht von ihr genommen werden soll.“* Dieses Wort bleibt. Es hat das letzte Wort. Es geht durch den Tod zum Leben. Und nimmt uns auf diesem Weg mit.

23. εἰρήνη ὑμῖν – Friede sei mit euch (Joh 20,19–23)[37]

(19) Am Abend aber dieses ersten Tages der Woche, da die Jünger versammelt und die Türen verschlossen waren aus Furcht vor den Juden, kam Jesus und trat mitten unter sie und spricht zu ihnen: Friede sei mit euch! (20) Und als er das gesagt hatte, zeigte er ihnen die Hände und seine Seite. Da wurden die Jünger froh, dass sie den Herrn sahen.

(21) Da sprach Jesus abermals zu ihnen: Friede sei mit euch! Wie mich der Vater gesandt hat, so sende ich euch. (22) Und als er das gesagt hatte, blies er sie an und spricht zu ihnen: Nehmt hin den Heiligen Geist! (23) Welchen ihr die Sünden erlasst, denen sind sie erlassen; und welchen ihr sie behaltet, denen sind sie behalten.

I. In unsere Furcht hinein

„Friede sei mit euch!“ Mit diesen Worten tritt Jesus am Ostermorgen in die Mitte seiner Jünger, Mit diesen Worten holt er auch uns hier heute Morgen, am Ostermontag ab. *„Friede sei mit euch!“* – Im Griechischen braucht es gerade einmal zwei Worte,

[37] Predigt am Ostermontag (17. April 2017) in der Erlöserkirche Unterhausen.

um die Osterbotschaft in Worte zu fassen, jene Botschaft, die wir gestern Morgen gehört haben, als der Ruf laut wurde bei uns: „Der Herr ist auferstanden!"

Aber wie steht es mit uns und dieser Botschaft einen Tag danach, am Ostermontag, an dem sich schon wieder das Ende des Festes ankündigt? Wie steht es damit in unserem Leben? Nehmen wir diesen Ruf mit in unser Leben hinein? Diese Botschaft, dass Jesus nicht im Tod geblieben, sondern auferstanden ist? Die Gewissheit, dass er damit dem Tod ein Ende gemacht hat? Die Überzeugung, dass er ihm die Macht genommen hat, das letzte Wort über uns zu sprechen?

Gestern, am Ostermorgen, da haben wir ja vielleicht sogar für einen Moment die Türen unseres Herzens weit aufgemacht für die Osterbotschaft, da haben wir Ostern gefeiert in der Gemeinde, im Kreis der Familie oder von Freunden. Aber wie steht es nun heute? Sind da nicht vielleicht unsere Türen schon längst wieder verschlossen?

Vielleicht sind sie das

- angesichts der Nachrichten aus aller Welt, in der Großmächte leider nicht nur mit Säbeln, sondern mit schrecklichen modernen Waffen rasseln – ist da die Tür nicht zu für den Frieden bei uns?
- angesichts der Erfahrung, dass es unter uns Menschen irgendwie doch immer gleich bleibt. Dass es da Mauern gibt zwischen uns, Streitigkeiten und Ärger. Dass es uns schwer fällt, über unseren Schatten zu springen und den ersten Schritt zu tun – ist da nicht die Tür zu für den Frieden bei uns?
- angesichts unseres Lebens, in dem vielleicht manches immer noch ungeklärt geblieben ist. Angesichts einer Krankheit vielleicht, die nicht einfach verschwunden ist. Angesichts des Todes eines geliebten Menschen, der uns traurig macht – ist da die Tür nicht zu für den Frieden bei uns?

Ja, vielleicht ist es das tatsächlich bei manchen von uns. Sicherlich machen wir immer wieder diese Erfahrung. Und deshalb ist es so wichtig, was wir heute Morgen aus dem Johannesevangelium hören, wie Jesus am Ostermorgen zu seinen Jüngern kommt. Denn auch sie sitzen doch hinter verschlossenen Türen. Sie haben sich eingeschlossen aus lauter Furcht. Und dann heißt es da auf einmal: *„... da trat Jesus mitten unter sie"*. Mitten unter sie! Durch die verschlossenen Türen hindurch! In ihre Furcht hinein! Jesus tritt durch verschlossenen Türen, auch durch die verschlossenen Türen unserer Herzen! In unsere Furcht hinein, die uns die Osterbotschaft wieder wegnehmen will aus dem Herzen. Er tritt mitten unter uns, um uns an diesem Morgen noch einmal zuzurufen: *„Friede sei mit euch!"* Damit dieser Friede die verschlossenen Türen aufbricht! Damit dieser Friede sich Bahn bricht bei uns! Damit er unsere Furcht überwindet! Um das zu tun, tritt Jesus mitten unter uns!

Und damit wird sichtbar, was das für ein Friede ist, den Jesus uns heute bringt. Es ist kein Friede, der unsere Erfahrungen einfach ignoriert, so als seien sie gar nicht da. Es ist kein Friede, der uns sagen würde, es sei doch eigentlich bedeutungslos, was in unserer Welt geschieht. Es ist kein Friede, der uns sagen würde, es wäre gleichgültig, wie wir zueinander stehen. Es ist kein Friede, der uns sagen würde, Krankheit und Tod wären eigentlich gar nicht so schlimm. Ein solcher Friede wäre ein Scheinfriede und deshalb ein fauler Friede, ein Friede, der niemandem hilft.

Aber einen solchen Frieden bringt Jesus gerade *nicht*. Und deshalb zeigt er seinen Jüngern die Hände und die Seite. Die Hände, an denen sich immer noch die Spuren der Nägelmale befinden. Die Zeichen dafür, dass der auferstandene Jesus *der Gekreuzigte* ist. Die Seite, die die Soldaten durchbohrt hatten (Joh 19,34), so dass sichtbar geworden war, dass Jesus wirklich tot ist. Diese Spuren trägt auch der Auferstandene noch an sich! Sie sind nicht einfach verschwunden. Sie sind aufgehoben in ihm. Er hat die Spuren des Todes in sich hineingenommen, und *so* ist er durchgedrungen zum Leben. So, dass er all die Spuren des Todes in unserem Leben zu seiner eigenen Sache gemacht hat, und am Ende dann unseren leiblichen Tod selbst, so dass er *unseren* Tod gestorben ist. So dass wir nun glauben dürfen, dass Jesus auch noch auf dem Weg unserer Verstorbenen mitgeht, um sie hindurchzuführen zum Leben.

Weil sein Tod und seine Auferstehung diesen Weg durch den Tod hindurch zum Leben bedeuten, darum tritt Jesus in die Mitte seiner Jünger und sagt ihnen: *„Friede sei mit euch!“* Der Friede sei mit euch, der *in mir* da ist! Der Friede, der in mir *mitten unter euch* ist! Dieser Friede soll euer Leben nun erfüllen!

Vergessen wir nicht: Auch die Jünger waren von tiefer Traurigkeit erfüllt, von Weinen und Klagen (Joh 16,20–22), von Angst vor dem Leben (Joh 16,33). Auch sie wussten nicht, was mit Jesus geschehen würde und wie er noch bei ihnen sein könnte, wenn er doch in den Tod musste. Vergessen wir aber nicht die große Verheißung, die Jesus den Jüngern gegeben hat und die er auch uns gibt, wenn wir dieses Wort an uns hören:

„Eure Traurigkeit soll zur Freude werden“ (16,20)

„Dies habe ich zu euch geredet, damit ihr in mir Frieden habt“ (16,33)

Diese Verheißung Jesu ist am Ostermorgen erfüllt. Sie erfüllt sich darin, dass Jesus mitten unter seine Jünger tritt, durch die verschlossenen Türen hindurch und ihnen zuruft: *„Friede sei mit euch!“* Sie erfüllt sich an den Jüngern darin, dass sie sich über diese Botschaft einfach *freuen* – von Herzen freuen, dass sie froh werden darüber. Denn wer sich freut, der öffnet sich für das Leben. Der öffnet sich für das, was er da gehört hat. Vergessen wir es nicht: uns darüber zu freuen, die Osterfreude mitzunehmen ins Leben, damit sie uns öffnet für das Leben!

III. Spuren der neuen Schöpfung

„Friede sei mit euch!“ – Das ist ein Ruf, der davon zeugt, dass mit Jesu Auferstehung von den Toten Neues geworden ist so wie ganz am Anfang. Dass der, der am Anfang ins Leben gerufen hat, uns jetzt wieder neu ins Leben ruft, und das, was bei uns abgebrochen ist, vollendet.

Der Evangelist Johannes erzählt, wie Jesus seine Jünger „anbläst“ (ἐνεφύσησεν, Joh 20,22) mit dem Geist. So wie Gott ganz am Anfang – das haben wir gerade gehört – dem aus Erde geschaffenen Menschen den Lebensodem „eingeblasen“ (ἐνεφύσησεν, Gen 2,7 LXX) hat in die Nase, so dass dieser zu „einer lebendigen Seele“ geworden war. Wenn Jesus seinen Jüngern den Geist gibt, dann werden sie neu geschaffen, dann werden sie von neuem lebendig – so wie ein Erdklumpen zu einem lebendigen Menschen wird, so werden wir durch den Geist neu geschaffen.

Wenn wir uns anreden lassen von Jesus. Wenn wir uns mit seinem Geist erfüllen lassen. Wenn wir anderen Menschen von ihm erzählen. Davon, dass es Hoffnung gibt mitten in unserer Welt, angesichts all unserer verschlossenen Türen.

Denn so sendet Jesus seine Jünger am Ostermorgen aus. Damit sie anderen von ihm erzählen. Damit sie Menschen von dem, was sie gefangen nimmt, lossprechen. Und damit sie das benennen, was Menschen zerstört und von Gott trennt. In dieser Botschaft ist die Verheißung mitten unter uns da, die Verheißung einer neuen Schöpfung, die uns einst ganz ergreifen wird, wenn wir *„das Bild des himmlischen Menschen tragen werden“* (1Kor 15,48).

So sendet Jesus auch uns aus an diesem Ostermontag, auf den Weg in unseren Alltag. Dass wir den Spuren der neuen Schöpfung folgen. Dass wir der Botschaft des Ostermorgens trauen. Dass wir darauf vertrauen, dass dieser Welt der himmlische Friede verheißen ist, jener Friede, der durch verschlossene Türen, durch die Türen der Furcht und des Todes hindurchgeht. Jener Friede, der in dem da ist, der uns an diesem Ostermorgen zuruft: *„Friede sei mit euch!“*

24. Der gute Hirte (Ez 36,1–6.11–15)[38]

I. Der gute Hirte – ein harmloses Bild?

Wir kommen von Ostern her. Vor zwei Wochen haben wir es wieder gefeiert: dass Jesus Christus nicht im Tod geblieben ist; dass er den Tod besiegt hat; dass er auferstanden ist von den Toten – und wir mit ihm. Wir sind „wiedergeboren zu einer lebendigen Hoffnung durch die Auferstehung Jesu Christi von den Toten" (1Petr 1,3).

Heute, zwei Wochen nach Ostern, stehen wir vor einer Frage: Vor der Frage, ob wir diese Botschaft, die Auferstehungsbotschaft, wirklich hereinlassen wollen in unser Leben, oder ob sie uns äußerlich bleiben soll: ein schönes Fest, vielleicht ein Fest für Kinder mit Ostereiern und Hasen, aber kein Fest, das verändert. Kann uns der Glaube verändern – oder bleibt doch wieder alles beim Alten?

Der heutige Sonntag konfrontiert uns für diese Frage mit einem Motiv, das uns sehr vertraut ist: mit dem Motiv des guten Hirten. Er heißt deshalb der „Hirtensonntag" und trägt den lateinischen Namen „*Misericordias Domini*" – Barmherzigkeit Gottes. Er spricht ein beruhigendes und wohltuendes Bild von Gott an, das uns trösten kann.

„Der Herr ist mein Hirte, mir wird nichts mangeln" – Gerade eben haben wir sie wieder miteinander gebetet, diese vertrauten Worte aus dem 23. Psalm. Es gibt kaum ein Bild von Gott, das uns so nahe ist wie das Bild des guten Hirten. Gerade auch Kinder oder Jugendliche können dieses Bild verstehen – und das erstaunlicherweise obwohl es in unserer Umwelt nur noch wenige echte Hirten gibt und wir kaum mal einen zu sehen bekommen. Dieses Bild spricht uns an. Es weckt Vertrauen in uns. Es macht uns Mut, Gott zu vertrauen, ihn als den guten Hirten zu glauben, der uns führt.

Aber dieses Bild des guten Hirten birgt auch eine Gefahr, die wir dann nicht sehen, wenn wir es aus dem Zusammenhang von Ostern lösen. Es birgt die Gefahr, uns einzulullen in eine Hirtenromantik, wie sie auf manchen Bildern dargestellt ist: Ein Hirte auf dem Feld bei seinen Schafen, friedlich beieinander sitzend, vielleicht Pfeife rauchend und in den blauen Himmel schauend – kein Wolf weit und breit zu sehen. Wir wissen, dass unsere Welt so nicht ist. Wir wissen, dass es in unserer Welt Wölfe gibt, die Schafe reißen. Wir wissen, dass wir Menschen nach Macht über andere Menschen streben, dass es Ungerechtigkeit gibt. Wir wissen, dass es Brüche gibt in unserem Leben, Grenzen, an die wir stoßen und an denen wir zerbrechen können. Krankheiten an Körper oder Seele, die uns bedrohen.

[38] Predigt am Sonntag Misericordias Domini (30. April 2017) in der Galluskirche Honau.

Das Bild des guten Hirten könnte uns einlullen – und damit gerade nichts verändern, sondern uns geradezu abschotten gegen die Botschaft von Ostern. Es könnte dazu führen, dass wir Gott gleichsam „einen guten Mann", oder eben: „einen guten Hirten" sein lassen, aber selbst einfach weitermachen wie immer. Dabei haben wir es an Ostern doch gehört: Wenn aus der Auferstehung Jesu Christi nicht auch die Hoffnung auf unsere eigene Auferstehung folgt, dann „sind wir die elendesten unter den Menschen" (1Kor 15,19), dann hat unser Glaube keinen Inhalt, der Hoffnung stiften kann.

In der Geschichte sind Glaube und Religion immer wieder dazu verwendet worden, Menschen einzulullen. Menschen, die Gottesdienst feiern, machen keine Politik, so hat man sich wohl gesagt. Und auch heute schieben wir die Religion mehr und mehr in den Raum des Privaten, freilich aus der begründeten Angst heraus, dass sie zur gefährlichen Ideologie werden kann, die sich der vernünftigen Begründung und Argumentation entzieht. „Ethik ist wichtiger als Religion", hat der Dalai Lama gesagt: Es geht nur noch ums Handeln, nicht mehr um den Glauben. So stellt man die Sache ruhig. Aber damit macht man es sich zu leicht.

II. Die Vision des guten Hirten als Kritik

So leicht macht es sich jedenfalls der Prophet Ezechiel, von dem wir heute hören, nicht. Für ihn wird die Vision Gottes als des guten Hirten vielmehr zu einer scharfen Kritik an menschlichen Machtstrukturen. Er hört ein Wort Gottes, eine Offenbarung, mitten in einer Zeit der Krise. Israel ist im Exil. Der Tempel ist zerstört. Die Beziehung zu Gott ist zerbrochen. Ezechiel ist überzeugt davon, dass wir nur neu werden können, wenn Gott diese Beziehung wieder aufnimmt, wenn er sich seines Volkes als der gute Hirte annimmt und zu ihm kommt. Dieses Bild, das Ezechiel entwirft, lullt gerade nicht ein. Es rüttelt vielmehr auf und wird zur Gerichtspredigt an die, die Hirten zu sein für sich beanspruchen:

(1) Und des Herrn Wort geschah zu mir: (2) Du Menschenkind, weissage gegen die Hirten Israels, weissage und sprich zu ihnen: So spricht Gott der Herr: Wehe den Hirten Israels, die sich selbst weiden! Sollen die Hirten nicht die Herde weiden? (3) Aber ihr esst das Fett und kleidet euch mit Wolle und schlachtet das Gemästete, aber die Schafe wollt ihr nicht weiden. (4) Das Schwache stärkt ihr nicht und das Kranke heilt ihr nicht, das Verwundete verbindet ihr nicht, das Verirrte holt ihr nicht zurück und das Verlorene sucht ihr nicht; das Starke aber tretet ihr nieder mit Gewalt. (5) Und meine Schafe sind zerstreut, weil sie keinen Hirten haben, und sind allen wilden Tieren zum Fraß geworden und zerstreut. (6) Sie irren umher auf allen Bergen und auf allen hohen Hügeln und sind über das ganze Land zerstreut und niemand ist da, der nach ihnen fragt oder auf sie achtet.

(11) Denn so spricht Gott der Herr: Siehe, ich will mich meiner Herde selbst annehmen und sie suchen. (12) Wie ein Hirte seine Schafe sucht, wenn sie von seiner Herde verirrt sind, so will ich meine Schafe suchen und will sie erretten von allen Orten, wohin sie zerstreut waren zur Zeit, als es trüb und finster war. (13) Ich will sie aus allen Völkern herausführen und aus allen Ländern sammeln und will sie in ihr Land bringen und will sie weiden auf den Bergen Israels, in den Tälern und an allen Plätzen des Landes. (14) Ich will sie auf die beste Weide führen, und auf den hohen Bergen in Israel sollen ihre Auen sein; da werden sie auf guten Auen lagern und fette Weide haben auf den Bergen Israels. (15) Ich selbst will meine Schafe weiden, und will sie lagern lassen, spricht Gott, der Herr. (16) Ich will das Verlorene wieder suchen und das Verirrte zurückbringen und das Verwundete verbinden und das Schwache stärken und, was fett und stark ist, behüten; ich will sie weiden, wie es recht ist.

Das Bild von Gott als dem Hirten wird zum Gegen-Bild dazu, was sich unter Menschen als Herrschaft darstellt. Es entlarvt damit die Gefahr dieses Bildes, die in der Sehnsucht nach einem starken Führer besteht, dem wir kritiklos vertrauen. Gerade heute ist diese Sehnsucht bei vielen Menschen offensichtlich stark: die Suche nach einem starken Mann an der Spitze, der genau weiß, was er will. Ein gefährliches Spiel! Gefährlich dann, wenn die Realitäten des Lebens nicht ernst genommen werden. Wenn etwa geleugnet wird, dass wir etwas zu tun haben mit der Veränderung der klimatischen Verhältnisse. Wenn darüber hinweggesehen wird, dass Waffen in den Händen von Menschen kein Menschenrecht ist, sondern Legitimation von Gewalt.

Das Bild von Gott als dem Hirten soll nicht diese Machthaber bestärken. Man kann nicht den Amtseid auf die Bibel schwören und dann weitermachen wie vorher – das macht Ezechiel klar. Und so setzt er den Führern seiner Zeit das Bild Gottes als des Hirten entgegen. Manches davon dürfte uns bekannt vorkommen:

Während die Hirten sich selbst geweidet haben, will Gott sich seiner Herde annehmen. Herrschaft und Führung bedeutet nicht die Erlaubnis, sich selbst Privilegien zuzuschanzen, sondern verpflichtet zur Verantwortung und zum Dienst. Schauen wir nur auf die autoritären Systeme in der Politik. Schauen wir aber auch auf die Wirtschaft in unserem Land, in der es kritiklos üblich geworden ist, dass ein Vorstand das fünfzig- oder hundertfache von dem verdient, was ein Arbeiter bekommt. Dagegen richtet sich die prophetische Kritik, damals wie heute.

Das Bild des Hirten macht deutlich, dass Führung und Leitung nur in der Zuwendung zum anderen bestehen kann:

- das Schwache stärken
- das Verirrte suchen
- das Verwundete heilen

Die Macht des Hirten ist nicht für ihn selbst da, sondern für den anderen, der sich selbst nicht helfen kann und darum den Hirten braucht.

Und nun nimmt die Kritik des Ezechiel noch einmal eine überraschende Wendung. Seine Kritik besteht nicht nur darin, dass die Hirten Israels das Schwache nicht gestärkt haben, sondern auch darin, dass sie „das Starke niedergetreten“ haben. Es ist keine Botschaft nur an die Schwachen, und es ist schon gar keine Verherrlichung der Schwachheit. Es ist die Einsicht: der gute Hirte stärkt gleichzeitig das Schwache und behütet das Starke, so dass es zur Entfaltung kommen kann. Es ist keine Politik der Gleichmacherei, die Ezechiel hier vertritt, die letzten Endes nur zum Triumph der Mittelmäßigkeit führen kann. Und auch darin ist diese Kritik aktuell: Wir erleben derzeit eine Gleichmacherei als Ideologie, wie sie schlimmer nicht sein könnte: Unterschiede sollen nicht mehr benannt werden, die Ideologie der Gleichmacherei macht uns kaputt. Sie wird den Menschen nicht gerecht, weil sie ihre Unterschiede nicht wahrnimmt.

Das Bild des guten Hirten, das Ezechiel entwirft, ist alles andere als harmlos. Die prophetische Botschaft entfaltet ihre politische Sprengkraft, die verändern kann. So könnte das Bild des guten Hirten auch uns in dieser nachösterlichen Zeit verändern.

III. „Ich bin der gute Hirte“

„Ich bin der gute Hirte“, sagt Jesus. Er meint damit keine Selbstverständlichkeit. Er meint damit, dass er für seine Schafe in den Tod gegangen ist, um sie ganz zu gewinnen. Er meint damit, dass er die Dinge, die uns am Leben hindern und uns gefangen nehmen, wegnehmen will von uns. Er meint damit, dass das nur geht, wenn er diese Dinge benennt und ans Licht bringt. Ostern lullt nicht ein, Ostern stellt ins Licht.

Als Kirche Jesu Christi können wir uns deshalb nicht einfach den Gesetzmäßigkeiten unserer Welt unterwerfen. Wir können auch über die Strukturveränderungen, die es bei uns gibt, nicht reden, wenn wir den Osterglauben dabei vor der Tür des Sitzungszimmers lassen. Wir müssen danach fragen, was es heißt, dass wir an einen Gott glauben, der nicht alles gleichmacht, sondern das Schwache stärkt und das Starke behütet. Wir dürfen daran glauben, dass dieser Gott uns in unserer Welt sucht und auch findet. Als der gute Hirte, der einen menschlichen Weg wählt, der in die Dunkelheit und in den Tod geht, um zum Licht zu führen. Zum Licht des Ostermorgens, das heute schon hereinleuchtet in unsere Welt – und unsere Welt verändert.

25. Ein Engel, der Steine aufhebt (Offb 1,9–17)[39]

I. *Aufruf zum Martyrium?*

Die Erzählung von der Steinigung des Stephanus (Apg 7,54–60) weckt bei mir auf den ersten Blick unangenehme Assoziationen: Es ist die Geschichte des „Erzmärtyrers“, so hat man das genannt. Des ersten Zeugen für Jesus Christus, der sein Leben mit dem Tod bezahlt. Erschreckende Aktualität angesichts der immer wiederkehrenden Nachrichten von Selbstmordattentaten aus der islamischen Welt. Futter für diejenigen, die meinen, Religionen seien doch „eh alle gleich“ und führten mit ihren Wahrheitsansprüchen zu Gewalt.

Ich möchte heute deutlich machen, dass diese Einstellung falsch ist. Sicherlich gab und gibt es auch im Christentum Menschen, die aufgrund ihrer Überzeugung zu Gewalt greifen. Aber sie können sich damit eben nicht auf die Bibel berufen. Ob die islamischen Attentäter sich auf den Koran berufen können, ist eine Frage, die die Korangelehrten zu beantworten haben, und diese Frage wird mit Recht immer wieder gestellt. Mir ist deutlich geworden, dass wir dabei die wichtigste Frage oft auszuklammern drohen, weil wir meinen, dass es diese Frage sei, die zu Gewalt führt: die Frage nach Gott. Dabei ist dies doch gerade die Frage, an der sich alles *entscheidet*.

Heute, am zweiten Weihnachtsfeiertag, kommt es darauf an, ob wir uns wirklich zur Krippe von Bethlehem haben rufen lassen. Es kommt darauf an, ob wir dort wirklich hineingeblickt haben und es uns haben sagen lassen, dass dort *Gottes Sohn* für uns liegt. Ob wir es uns sagen lassen, dass all unser Denken von Gott und dann auch unser Handeln *von diesem Kind* her bestimmt sein muss, dass wir ohne diesen Jesus Gott *nicht* haben – oder aber Gott eine Projektionsfläche bleibt für eigene Allmachtsphantasien, die dann auch zu Gewalt führen.

Ich denke, dass die Geschichte von Stephanus gerade einen Gegenakzent setzt zu Gewaltphantasien. Die Bibel nimmt die Bilder dieser Phantasien auf, gerade um sie zu *brechen*. Stephanus setzt seine Botschaft nicht mit Gewalt durch. Er vertraut auf die Macht des Wortes. Und diese Macht kann von den Anklägern nicht gebrochen werden. Es geht dem Stephanus so, wie es bereits Jesus selbst ging: Er wird aufgrund falscher Anschuldigungen angeklagt und verurteilt. Und darauf kommt es Lukas, der uns diese Geschichte erzählt, an: Für die, die in der Nachfolge Jesu stehen, kann Gewalt kein

[39] Predigt am Stephanustag (26. Dezember 2017) in der Erlöserkirche Unterhausen.

Mittel sein zu Durchsetzung ihres Wahrheitsanspruchs. Diejenigen, die Jesus nachfolgen, werden erleben müssen, dass ihre Botschaft auch abgelehnt und verachtet wird. Aber das darf uns nicht davon abhalten, diese Botschaft in unserer Welt weiterhin zu *sagen*: Weil unsere Welt diese Botschaft braucht – ob sie es wissen will oder nicht.

II. *Das Lamm als Gegenbild zur Gewaltherrschaft*

Die Weihnachtsbotschaft hält menschlichen Macht- und Gewaltphantasien ein Gegenbild entgegen: An die Stelle eines Herrschers, der allmächtig im Himmel thront und unsere Unterwerfung fordert, hören wir von einem Gott, der ein Mensch wird, von einem Herrn, der ein Knecht wird, von einem Gott, der seine Ehre gerade darin sucht, dass er sich selbst der Gewalt dieser Welt aussetzt – um sie so zu brechen.

Im letzten Buch der Bibel begegnet uns noch einmal so ein Bild, in dem menschliche Phantasien von Herrschaft aufgenommen und schließlich gebrochen werden. Ich lese aus dem siebten Kapitel der Offenbarung des Johannes:

(9) Danach sah ich, und siehe, eine große Schar, die niemand zählen konnte, aus allen Nationen und Stämmen und Völkern und Sprachen; die standen vor dem Thron und vor dem Lamm, angetan mit weißen Kleidern und mit Palmzweigen in ihren Händen, (10) und riefen mit großer Stimme: Das Heil ist bei dem, der auf dem Thron sitzt, unserm Gott, und dem Lamm! (11) Und alle Engel standen rings um den Thron und um die Ältesten und um die vier Gestalten und fielen nieder vor dem Thron auf ihr Angesicht und beteten Gott an und sprachen: Amen, Lob und Ehre und Weisheit und Dank und Preis und Kraft und Stärke sei unserm Gott von Ewigkeit zu Ewigkeit! Amen.

(12) Und einer der Ältesten fing an und sprach zu mir: Wer sind diese, die mit weißen Kleidern angetan sind, und woher sind sie gekommen? (14) Und ich sprach zu ihm: Mein Herr, du weißt es. Und er sprach zu mir: Diese sind's, die gekommen sind aus der großen Trübsal und haben ihre Kleider hell gemacht im Blut des Lammes. (15) Darum sind sie vor dem Thron Gottes und dienen im Tag und Nacht in seinem Tempel; und der auf dem Thron sitzt, wird über ihnen wohnen. (16) Sie werden nicht mehr hungern und dürsten; es wird auch nicht auf ihnen lasten die Sonne oder irgendeine Hitze; (17) denn das Lamm mitten auf dem Thron wird sie weiden und leiten zu den Quellen des lebendigen Wassers, und Gott wird abwischen alle Tränen von ihren Augen.

Ein riesiger Aufwand wird hier betrieben, um eine himmlische Thronsaalszene vor unsere Augen zu malen. Und dann tritt die Hauptfigur auf, die im Zentrum der ganzen Szene steht, derjenige, der auf dem Thron sitzt: das Lamm. Es ist kein starkes Tier, ganz im Gegenteil: Es ist das Opfertier, das wehrlos zur Schlachtbank geführt wird. Das Tier, das der Gewalt, die ihm angetan wird, keine Gegengewalt entgegensetzt. Von diesem Tier wird gesagt: Es wird am Ende siegen. Der Gott, der Mensch wird und für uns Menschen an das Kreuz geht, wo er leidet und stirbt, dieser Gott wird sich als der letzte Grund unseres Lebens erweisen: das ist die Weihnachtsbotschaft. Wir sollen sie uns so sagen lassen, dass sie unser Leben bestimmt.

Und so macht Stephanus sich auf den Weg. Der Erzähler seiner Geschichte spielt immer wieder auf die Kreuzigung Jesu an und dann öffnet er uns den Himmel: Dort steht Jesus, in dessen Händen das Leben des Stephanus geborgen ist. Man wird ihn hier quälen und töten können, aber er fällt nicht aus Gottes barmherziger Hand, mit der er durch die Menschwerdung seines Sohnes zu uns greift. Diese Gewissheit ermutigt gerade nicht zur Gewalt, weil im Himmel eine Belohnung winkt. Diese Gewissheit ermutigt dazu, sich auf den Weg Jesu einzulassen. Sich darauf einzulassen, dass Hingabe stärker ist als Gewalt. Für diese Botschaft sollen und müssen wir einstehen in dieser Welt. Diese Botschaft dürfen wir nicht einem falsch verstandenen Toleranzgedanken opfern. Sonst wäre Christus umsonst für uns gestorben. Dann würden wir das Wunder der Menschwerdung Gottes preisgeben. Wir sollen dieses Wunder in unserer Welt miteinander feiern, wir sollen uns davon erzählen und wir sollen es wagen, nach diesem Wunder *zu leben*.

III. Der Engel aus Zwiefalten

Vor einigen Monaten war ich zum ersten Mal im Münster in Zwiefalten. Dort am Eingang befindet sich eine Stephanus-Darstellung, die mich berührt hat und die mir jetzt wieder eingefallen ist. Es ist nicht so sehr die Statue des Stephanus selbst, die mich berührt hat; es ist der Engel daneben: Er trägt die Steine, die Stephanus zu Tode gebracht haben, auf seinen Knien. Er hat sie eingesammelt. Mich hat diese Hoffnungsvision an diesem Tag unendlich getröstet: dass es da einen Engel gibt, der die Steine aus unserer Welt wegräumt. Dass es einen Engel gibt, der die Steine, die uns in unserem Leben treffen, wegnimmt. Die vielen Verletzungen, die wir erleben. Die Dinge, die uns traurig machen und uns die Luft zum Atmen nehmen. Die Dinge, unter denen wir lei

den und die zur Gegengewalt führen könnten, wenn wir uns ihnen überließen. Der Engel, der die Steine aufsammelt, nimmt sie eben nicht noch einmal in die Hand. Er schleudert sie nicht denen, die Stephanus getötet haben, entgegen. Er schafft sie aus der Welt! Er schafft sie aus der Welt, weil er aus der Gegenwelt des himmlischen Herrschers herkommt, der in dem Kind in der Krippe zu uns gekommen ist!

Und so öffnet der Engel uns den Himmel, in den Stephanus nun hineinblickt: Da steht Jesus, da steht das Lamm, das getötet worden ist und so Tod und Gewalt überwunden hat. Da steht der, dem unser Leben gehört: der menschgewordene Gott. Lassen wir uns von dem Engel zum Thron dieses Herrschers rufen. Lassen wir Jesus heute in unser Leben, damit er unser Leben mit seinem Geist erfüllt!

26. Wenn die Liebe sein darf (Mk 1,21–28)[40]

(21) Und sie gingen hinein nach Kapernaum; und alsbald am Sabbat ging er in die Synagoge und lehrte. (22) Und sie entsetzten sich über seine Lehre; denn er lehrte mit Vollmacht und nicht wie die Schriftgelehrten. (23) Und alsbald war in ihrer Synagoge ein Mensch, besessen von einem unreinen Geist, der schrie: (24) Was haben wir mit dir zu schaffen, Jesus von Nazareth? Bist du gekommen, uns zu vernichten? Ich weiß, wer du bist: der Heilige Gottes! (25) Und Jesus bedrohte ihn und sprach: Verstumme und fahre aus von ihm! (26) Und der unreine Geist riss ihn hin und her und schrie laut und fuhr aus von ihm. (27) Und sie entsetzten sich alle, sodass sie sich untereinander befragten und sprachen: Was ist das? Eine neue Lehre in Vollmacht! Er gebietet auch den unreinen Geistern, und sie gehorchen ihm! (28) Und die Kunde von ihm erscholl alsbald überall in das ganze Land um Galiläa.

I. Eine neue Lehre in Vollmacht

„Eine neue Lehre in Vollmacht!" Jesus sorgt für Aufsehen, so haben wir es gerade im Evangelium gehört. Was genau er sagt, das erfahren wir aus diesem kurzen Textabschnitt nicht. Nur von der Reaktion seiner Zuhörer erfahren wir. Wie sie sich über sie entsetzen. Wie sie außer sich geraten, als sie hören, was er sagt. Und davon, was Jesus, als er auftritt zu lehren, tut: Er heilt Menschen von ihrer Besessenheit. Er macht Menschen heil. Die bösen Geister, die Dämonen, wissen sehr genau, wer der ist, der da aufgetreten ist. Es ist der heilige Gott selbst. Er kommt in unsere Welt. In Jesus ist die Gottesherrschaft herbeigekommen: „Die Zeit ist erfüllt und die Gottesherrschaft ist gekommen. Kehrt um und glaubt an das Evangelium!" (Mk 1,15)

Was müsste das für eine Rede von Gott sein, die Menschen wirklich befreit von dem, was sie niederdrückt und belastet? Was müsste das für eine Rede von Gott sein, die Menschen wirklich heil macht? Es müsste eine Rede von Gott sein, durch die Menschen dem heiligen Gott selbst mitten in ihrem eigenen Leben begegnen. In der es zu einer wirklichen Begegnung mit Gott kommt, die in die Freiheit führt, so dass Menschen zu glauben beginnen und dass ihr Glaube sie neu ausrichtet für das Leben.

Aber wie oft drängt sich in unser Reden von Gott vieles, was uns nicht befreit? Wie oft wird die Rede von Gott vereinnahmt für bestimmte politische Programme oder Moralvorstellungen? Wie oft können wir das, was wir in der Bibel von Gott hören, nicht

[40] Predigt zum Bibelsonntag am 28. Januar 2018 in der katholischen Kirche Heiliger Bruder Konrad in Unterhausen.

verbinden mit dem, was wir in unserem Leben und in unserer Welt wahrnehmen? Es ist keine Selbstverständlichkeit, dass von Gott so geredet wird, dass er in diesem Reden tatsächlich auch *begegnet*.

Das wird im Markusevangelium deutlich an der Gegenüberstellung der Lehre Jesu und der Lehre der Schriftgelehrten. Auch sie bemühen sich ja um das Wort Gottes. Auch ihnen geht es darum, dass Gottes Wille zur Sprache kommt und erfüllt wird. Aber in diesem Anliegen richten sie immer wieder Barrieren auf, die eben das verhindern: dass Gottes Wille zum Ziel kommt. Und deshalb stoßen sie sich an Jesus, der diese Barrieren in seinem Auftreten einfach niederreißt und ignoriert: Er wendet sich Menschen zu, die am Rand der Gesellschaft stehen und die man weit entfernt von Gott glaubt. Mit solchen Menschen setzt Jesus sich an den Tisch! Er erklärt die Reinheitsvorschriften, die doch dazu da sind, Gottes Ehre zu bewahren, für zweitrangig gegenüber dem, was aus dem Herzen eines Menschen kommt. Und er wendet sich den Menschen zu, die Heilung brauchen, ganz gleich ob es Sabbat ist, an dem keine Tätigkeit erlaubt ist. Jesus setzt die Bedürftigkeit der Menschen über die religiösen Vorschriften. Darin liegt die revolutionäre Kraft seines Auftretens. Diese Souveränität, mit der er sich über die Schranken hinwegsetzt, um Gottes Willen zum Leben durchzusetzen, sie wird ihn am Ende ans Kreuz bringen.

Ich frage mich manchmal, ob wir nicht auch solche Barrieren aufrichten, die Gottes Willen zum Leben behindern. Ob wir nicht auch manchmal krampfhaft an bestimmten Vorstellungen von Tradition und Moral festhalten, die gerade nicht mehr dem Leben dienen und uns davon abhalten, das Leben, wie es ist, wahrzunehmen. Das geschieht oft nicht einmal aus Böswilligkeit. Es entsteht aus dem Bedürfnis nach Sicherheit heraus. Es entsteht daraus, dass wir ganz konkret entscheiden müssen, was dem Leben dient, wie wir unser Leben gestalten wollen und welche Grundentscheidungen wir für unsere Gesellschaft treffen wollen. Für uns als Kirche ist es die Frage, wie wir bei unserer Botschaft bleiben und gleichzeitig gerade dabei die Fragen unserer Zeit aufnehmen, damit das Evangelium in die Gegenwart hineingesprochen wird, so dass es sie erhellt.

Dietrich Bonhoeffer hat am Ende seines Lebens, im Gefängnis, auf die Zeit zurückgeblickt, in der uns im Nachhinein deutlich ist, dass man sich dort in falscher Weise dem Zeitgeist angepasst hatte. Das ist nachher freilich sehr viel leichter zu sagen, als wenn man mitten drin steht in der Zeit. Die Botschaft des Evangeliums der Gegenwart zu sagen, ist ein Wagnis. Und doch hält Bonhoeffer fest an der Hoffnung, dass es wieder neu zur Begegnung mit Gottes Botschaft kommen kann: „Es ist nicht unsere Sache, den Tag vorauszusagen – aber der Tag wird kommen –, an dem wieder Menschen berufen werden, das Wort Gottes so auszusprechen, daß sich die Welt darunter verändert und erneuert. Es wird eine neue Sprache sein, vielleicht ganz unreligiös, aber befreiend und erlösend, wie die Sprache Jesu, daß sich die Menschen über sie entsetzen und doch von ihrer Gewalt überwunden werden, die Sprache einer neuen Gerechtigkeit und Wahrheit, die Sprache, die den Frieden Gottes mit den Menschen und das Nahen seines Reiches verkündigt.“[41]

II. „Ganz unreligiös“

„Ganz unreligiös“, ganz weltlich, so meint Bonhoeffer müsste diese Sprache sein. In der vergangenen Woche haben wir ein besonderes Buch der Bibel kennengelernt, das ganz weltlich redet: das „Lied der Lieder Salomos“, das „Hohelied der Liebe“. Da wird von der Liebe zwischen Menschen geredet, die sich nach Begegnung sehnt. Von der Sehnsucht einer Liebenden nach dem, „den meine Seele liebt“ (1,7; 3,1). Vom Verlangen danach, die Geliebte zu sehen und zu berühren. Von dem Wunder der Liebe, durch das unter hunderten von Frauen die eine zur Einzigen für einen Mann wird (6,9), der erstaunt fragt: „Wer ist sie, die hervorbricht wie die Morgenröte, schön wie der Mond, klar wie die Sonne, überwältigend wie die Bilder am Himmel?“ (6,10)

Und dann ist immer wieder davon die Rede, dass die Liebe verhindert und eingeschränkt wird. Wie die Brüder ihrer Schwester zürnen, weil sie sich auf einen Mann einlässt, der vielleicht nicht in ihr Bild passt (1,6). Weil sie nicht sehen können, dass er es ist, den ihre Seele liebt (1,7). Darum ist die Mahnung nötig: „Stört die Liebe nicht!“ (2,7; 3,5) Die Liebe zwischen Menschen bedarf keiner Begründung oder Rechtfertigung. Sie ist einfach da. Darin besteht ihr Recht. Immer wieder ist von der Erfahrung die Rede, dass die Liebe unerfüllt bleibt (3,1). Vielleicht ist es auch so, dass sie erst dann als Wunder erfahren werden kann, wenn es eine Zeit der Entbehrung gab (4,12).

Es sind gerade diese weltlich-zwischenmenschlichen Erfahrungen, die sinnliche, erotische Liebe, von der im Hohelied geredet ist. Man darf wohl nicht vorschnell alles allegorisch auf das Gottesverhältnis deuten, wie es in der Auslegungsgeschichte oft

[41] *Dietrich Bonhoeffer*, Widerstand und Ergebung. Briefe und Aufzeichnungen aus der Haft, hg. von E. Bethge (1951), München [16]1997, 156f.

geschehen ist. Das Besondere ist gerade: In diesen weltlichen Erfahrungen leuchtet etwas auf von der Liebe, die eine wahre Macht ist. Die Ewigkeit sucht und Ewigkeit findet, mitten in der Zeit: „Lege mich wie ein Siegel auf dein Herz, wie ein Siegel auf deinen Arm. Denn Liebe ist stark wie der Tod und Leidenschaft unwiderstehlich wie das Totenreich. Ihre Glut ist feurig und eine gewaltige Flamme.“ (7,6)

Hier öffnet sich von der Erfahrung der Liebe aus ein Fenster auf das Geheimnis der Liebe Gottes, die nicht nur „stark ist wie der Tod“, sondern stärker. So ragt – wie dann im Hohelied der Liebe des Paulus (1Kor 13) sichtbar wird, in der Liebe etwas von Gottes Wirklichkeit, von seiner Königsherrschaft mitten in die Zeit.

III. Wenn die Liebe sein darf

Diese Wirklichkeit ist in Jesus da. Davon erzählt das Evangelium des Sonntags. Sein Auftreten reißt Barrieren nieder. So dass die Liebe nun sein darf. Manche Barriere gilt es abzureißen: Auch bei uns konnte es noch vor zwei Generationen schwierig sein, einen Partner aus einem anderen Ort zu haben: einen Oberhausener zum Beispiel. Meine Mutter erinnert sich, dass es für ihre eigene Mutter eine große Sorge war, sie könne möglicherweise einen Katholischen mit nach Hause bringen. Heute schmunzeln wir darüber, aber mir haben schon Leute erzählt, wie tief verletzend es war, als Evangelischer als „Wüschdgäubiger“ beschimpft zu werden. Wie gut, dass diese Barrieren abgebaut wurden und werden! Dass die Liebe hier sein darf. Aber manch eine Barriere ist noch da. Könnte es vielleicht sein, dass wir heute offen werden müssen dafür, dass die Liebe auch sein darf, wenn beide das gleiche Geschlecht haben?

Jesus jedenfalls zeigt durch sein Wirken, wie Gottes Liebe die Schranken durchbricht: Die Barrieren zu denen, die ausgeschlossen zu sein schienen. Die Barrieren durch religiöse Vorschriften. Sein Auftreten bedeutet, dass Gottes Liebe zur Welt kommt. All unser Tun hat allein an ihm, an Jesus Christus, seinen Maßstab: An ihm, in dem der zur Welt kommt, der seinem Wesen nach Liebe ist (1Joh 4,16b). Die Begegnung mit ihm führt in die Freiheit. So dass die Liebe sein darf, ganz weltlich, nicht religiös überhöht, aber doch so, dass in ihr Gottes Ewigkeit hineinragt in die Zeit.

27. Teuer erkaufte Freiheit (1Petr 1,18–21)[42]

I. Ein Gott, der in die Freiheit führt

Wohin blicken wir? Wonach richten wir uns aus? Das ist die Frage, an die der dritte Sonntag in der Passionszeit mit seinem Namen „Oculi“ erinnert. Wie an den letzten Sonntagen ist auch dieser Tag mit einem Wort aus den Psalmen verbunden, in dem es heißt: „Meine Augen sehen stets auf den Herrn“ – „Oculi mei semper ad Dominum“ (Psalm 25,15). Der Beter dieses Psalms, den wir vorhin miteinander gesprochen haben, blickt auch auf sich selbst. Er erlebt sich als verstrickt in Schuld. Er bittet Gott darum: „Herr zeige mir deine Wege!“ Er richtet seinen Blick auf, aus dem was ihn gefangen nimmt und bedrückt, hin zu Gott und bittet ihn: „Leite mich in deiner Wahrheit und lehre mich!“

Es ist eine Bewegung von uns aus zu Gott. Von der Bindung an mich und das, worin ich verstrickt bin in meinen Leben hin zu dem Gott der Wege zeigen kann. Hin zu dem Gott, der in die Freiheit führt. Diese Wendung vom Menschen hin zu Gott steht am Anfang. Sie ist die Urerfahrung des Glaubens. Gestern Abend haben wir in der Stadthalle Reutlingen noch einmal das Pop-Oratorium „Die Zehn Gebote“ aufgeführt, das von dieser Urerfahrung erzählt. Wie sich in Ägypten unter der Führung des Mose eine Schar von Menschen versammelt, die sich von ihrem Gott in die Freiheit gerufen weiß. Von den Widerständen, die es da zu überwinden galt: Das Ringen des Mose mit Gott und der Frage, was Gott von ihm will, welchen Auftrag er für ihn hat und wie er, Mose, diesen Auftrag erfüllen kann. Das Ringen mit dem Volk, das sich von Mose auf den Weg rufen lässt und dann in der Wüste an den Rand der Hoffnungslosigkeit und Verzweiflung gerät. Das Ringen mit dem Pharao, der seinen Anspruch auf das Volk Israel erhebt und erst durch Gott selbst gezwungen werden muss, dass er es ziehen lässt. Die Erinnerung an dieses Ringen und der Ruf: „Lass mein Volk ziehen!“, mit dem Mose vor den Pharao tritt, hat sich tief in das Gedächtnis der Menschheit eingegraben. Es ist nicht umsonst zur Folie geworden für Freiheitsbewegungen in aller Welt.

Der Sonntag Oculi erinnert uns: Lasst Euch in diese Bewegung hineinnehmen! Hin zu dem Gott, der in die Freiheit führt. Das ist der Gott, an den wir glauben.

[42] Predigt am Sonntag Oculi (4. März 2018) in der Galluskirche Honau und in der Erlöserkirche Unterhausen.

Das ist eine Botschaft, die in Konkurrenz tritt zu dem, was heute oft unter „Freiheit" verstanden wird. Auch in unserer modernen Gesellschaft steht die Freiheit als Leitmotiv im Zentrum. Wir verteidigen etwa die „Freiheit der westlichen Welt" gegen fundamentalistische Tendenzen von innen und von außen. Aber „Freiheit" wird dabei oft schlicht als Autonomie verstanden: als Selbstbestimmung. Im Zentrum steht der freie Mensch, der selbst entscheiden kann, was er will, der „sich selbst entwirft", wie wir nicht umsonst sagen.

Die biblische Freiheitsvorstellung geht anders: Sie weiß darum, dass Freiheit *verdankte* Freiheit ist. Sie weiß darum, dass Freiheit *von außen* kommt. Sie weiß darum, dass Freiheit nicht in uns selbst gründet und deshalb einfach „Bindungslosigkeit" bedeutet, sondern in einer *Bindung* besteht. In der Bindung nämlich an den Gott, der in die Freiheit führt.

„Woran du dein Herz hängst und worauf du dich verlässt, das ist eigentlich dein Gott", hat Martin Luther einmal gesagt. Das ist eine einfache und gerade darin geniale Bestimmung dessen, was „Glaube" ist. Genial ist sie darin, dass Luther verständlich macht, dass wir Menschen grundsätzlich die Möglichkeit haben, unsere Herz an etwas zu hängen. Und dass wir das auch immer wieder tun.

Ich kann mein Herz etwa an einen Menschen hängen, so dass ich nur noch für diesen anderen Menschen lebe. Ich kann mein Herz an meinen Erfolg und meine Arbeit hängen, so dass ich mich darüber definiere. Ich kann mein Herz an meinen Besitz hängen, der mir Sicherheit gibt.

Es ist keineswegs egal, woran ich mein Herz hänge. Das ist der Grundirrtum der modernen Freiheitsvorstellung, die uns häufig begegnet. Sie findet ihren Ausdruck in der Formel: „Jeder Mensch muss an irgendetwas glauben – egal an was." Oder auch: „Es glauben doch alle irgendwie dasselbe." Für die biblischen Texte ist gerade entscheidend, *woran* wir unser Herz hängen. Darum geht es bereits, als Mose mit seinem Volk ringt. Als er vom Berg herabsteigt mit den Gesetzestafeln – und sie um das Goldene Kalb herumtanzen, weil sie es nicht mehr ausgehalten haben, auf Moses Botschaft von Gott zu warten. Weil sie etwas Sichtbares vor Augen haben wollten, das ihnen Kraft gibt und Hoffnung. Auch das gehört zur Urerfahrung des Glaubens: Dass wir den Gott, der in die Freiheit führt, riskieren, indem wir unser Herz an andere Dinge hängen. Es kommt darauf an, wohin wir unseren Blick wenden. Es kommt darauf an, woran wir unser Herz hängen. Es kommt darauf an, wer der Gott ist, an den wir glauben.

II. Teuer erkauft

Der Erste Petrusbrief erinnert – genau wie die Geschichte von Auszug aus Ägypten – daran, dass Gott zuerst gehandelt hat. Er erinnert daran, dass das Geschenk der Freiheit, die Befreiung am Anfang steht. Und er fasst dies – wie die alttestamentliche Tradition – in das Bild des Herauskaufens aus der Sklaverei und erinnert uns daran: „Ihr seid teuer erkauft!" (vgl. 1Kor 6,20; 7,23) „Ihr seid für Gott unendlich wertvoll! Er hat alles daran gesetzt, dich für sich zu gewinnen! Weil du ihm teuer bist!"

Wenn Du bedrückt bist oder gefangen, wenn Du traurig bist oder verzweifelt, wenn Du nicht mehr aufblicken kannst vor Sorgen. Wenn Du an Dir selbst verzagst, dann lass es Dir heute zurufen: In Gottes Augen bist Du teuer (vgl. Jes 43,4)! Er gibt alles dran, um dich für sich zu gewinnen!

Und dann erinnert der Erste Petrusbrief daran, woran wir das heute sehen. Auch er erinnert an ein Urdatum, das nun aber hell und klar zum Vorschein bringt, was in der Urerfahrung des Exodus erst aufgeleuchtet ist. Und er macht deutlich, dass dieses Ereignis, in dem Gott an uns Menschen handelt, dann auch unser Leben bestimmt:

(18) Denn ihr wisst, dass ihr nicht mit vergänglichen Silber oder Gold erlöst seid von eurem nichtigen Wandel, (19) sondern mit dem teuren Blut Christi als eines unschuldigen und unbefleckten Lammes. (20) Er ist zwar zuvor ausersehen, ehe der Welt Grund gelegt war, am offenbart am Ende der Zeit um euretwillen, (21) die ihr durch ihn glaubt an Gott, der ihn auferweckt hat von den Toten und ihm die Herrlichkeit gegeben, damit ihr Glauben und Hoffnung zu Gott habt.

Der Erste Petrusbrief erinnert direkt an den Auszug aus Ägypten, wenn er an das „Blut Christi als eines unschuldigen und unbefleckten Lammes" erinnert. Wie die Israeliten damals, beim Auszug aus Ägypten, ihre Türpfosten mit dem Blut eines Lammes bestreichen sollten, damit sie nicht Schaden nehmen beim Kampf Gottes um sie (Ex 12,1–13), so hat Gott nun selbst das Blut seines eigenen Sohnes eingesetzt, damit er uns für sich gewinnt. „Ihr seid teuer erkauft", das bedeutet: Jesus geht den Weg ins Leiden und an das Kreuz für euch! Damit er bei euch ist, wo ihr leidet. Damit er euch davon befreit, euch bestimmen zu lassen von dem, was das Leben bedroht und verhindert.

„Ihr seid teuer erkauft", das bedeutet: Jesu Weg an das Kreuz ist Ausdruck von Gottes Liebe. Von seiner Liebe, die Dir und mir gilt! Wir können und dürfen Gott das bringen, was uns bedrückt und gefangen hält. Wir können unseren Blick aufrichten zu ihm. Wir dürfen daraus leben, dass wir ihm teuer sind und er in seinem Sohn Jesus Christus zu uns kommt und uns befreit.

III. Glauben und Hoffnung

Im Glauben entsteht Hoffnung: „Glauben und Hoffnung zu Gott". Hoffnung zu dem Gott, der in die Freiheit führt. Hoffnung zu dem Gott, der Liebe ist und sich in Liebe uns zuwendet. Hoffnung, die uns den Blick aufrichten lässt, so dass wir beginnen zu sehen. Glaube und Hoffnung, die in die Freiheit führen. Machen wir uns doch immer wieder auf den Weg, damit man uns diese Freiheit auch ansieht!

28. Gemeinschaft (Eph 2,11–22)[43]

Wie entsteht Gemeinschaft? Das ist vielleicht eine passende Frage an einem Tag, an dem wir ein Gemeindefest feiern, zu der die verschiedenen Ortsteile der Gemeinde Lichtenstein, Unterhausen, Holzelfingen und Honau einladen. Es ist eine passende Frage in einer Zeit, in der sich die Welt rasant verändert und die Frage neu aufgeworfen wird: Wie entsteht Gemeinschaft? Was verbindet uns Menschen miteinander und wie kommen wir dazu, dieses Miteinander zu leben?

Es ist eine Frage, auf die es keine einfachen Antworten gibt und auf die ich auch keine einfachen Antworten geben möchte. Ich möchte aber mit ihnen gemeinsam auf ein Wort aus dem Epheserbrief hören, in dem es darum geht wie ganz am Anfang, als die christliche Gemeinde entstand, Gemeinschaft entstanden ist und an einige Punkte erinnern, die wichtig sein könnten auch für uns.

Schon zu Lebzeiten des Apostels Paulus entstand die Frage, wie Menschen unterschiedlicher Herkunft und mit ganz unterschiedlichen Traditionen und Prägungen zusammenleben können. Denn das war ja das Besondere an der neuen Bewegung der Christen: Hier waren auf einmal Menschen miteinander verbunden, die sonst nicht viel miteinander verbanden: Arme und Reiche, und vor allem: Juden und Heiden. Sie unterschieden sich voneinander durch ihre Gewohnheiten im Alltag: die einen darauf bedacht, sich an ihre religiösen Gesetze und Reinheitsvorschriften zu halten, die anderen geprägt von der vielfältigen Religiosität der damaligen Zeit: Die griechischen Städte waren voller Götterbilder und „religiöser Angebote" wie wir heute sagen würden. Und auf einmal sollten sie alle „eins" sein? *Eine* Gemeinde?

---

[43] Predigt beim Lichtensteiner Gemeindefest vor der Lichtensteinhalle am 17. Juni 2018.

Wir können uns vorstellen, dass das für Probleme gesorgt hat. Wir können uns vorstellen, dass das Ängste und Widerstände ausgelöst hat. Wir können es uns vorstellen, weil das bei uns ja nicht anders ist: Wir schätzen die Traditionen unserer Orte, aus denen wir herkommen. Wir wollen das, was sich uns da als lebenswert erwiesen hat, gerne erhalten. Und deshalb macht uns die Veränderung immer wieder auch Angst und stiftet Unsicherheit: In welche Richtung wird die Entwicklung gehen? Worin werden wir in Zukunft unsere Sicherheit und unseren Halt finden? Was bleibt von dem, was uns bislang Halt gegeben hat? Die großen Gebilde, die derzeit geschaffen werden, scheinen vielen Menschen keinen Halt geben zu können. Das ist auf der Ebene der großen Politik, bei der Frage nach einem vereinten Europa und einer globalisierten Welt ebenso wie hier bei uns im Kleinen in der Gemeinde Lichtenstein. An die Stelle der gewachsenen Beziehungen, so scheint es, soll ein künstlich geschaffenes Großgebilde treten.

Warum ist das vielen so unsympathisch? Ich glaube deshalb, weil wir fürchten, dass wir selbst dabei verloren gehen könnten, das, was unsere Individualität ausmacht. Weil wir fürchten, dass im Großen das uns Eigene untergeht und verschwimmt, dass alles gleich gültig wird und damit gleichgültig. Der Apostel erinnert in einer vielleicht nicht unähnlichen Situation seine Gemeinde in Ephesus daran, was der wahre Grund ist, auf dem ihr Leben ruht:

(11) Darum denkt daran, dass ihr, die ihr einst nach dem Fleisch Heiden wart und „Unbeschnittenheit" genannt wurdet von denen, die genannt sind „Beschneidung", die am Fleisch mit der Hand geschieht, (12) dass ihr zu jener Zeit ohne Christus wart, ausgeschlossen vom Bürgerrecht Israels und den Bundesschlüssen der Verheißung fremd; daher hattet ihr keine Hoffnung und wart ohne Gott in der Welt.
(13) Jetzt aber in Christus Jesus seid ihr, die ihr einst fern wart, nahe geworden durch das Blut Christi. (14) Denn er ist unser Friede, der aus beiden eins gemacht hat und hat den Zaun abgebrochen, der dazwischen war, indem er durch sein Fleisch die Feindschaft wegnahm. (15) Er hat das Gesetz, das in Gebote gefasst war, abgetan, damit er in sich selber aus den zweien einen neuen Menschen schaffe und Frieden mache (16) und die beiden versöhne mit Gott in einem Leib durch das Kreuz, indem er die Feindschaft tötete durch sich selbst. (17) Und er ist gekommen und hat im Evangelium Frieden verkündigt euch, die ihr fern wart, und Frieden denen, die nahe waren. (18) Denn durch ihn haben wir alle beide in einem Geist den Zugang

zum Vater. (19) So seid ihr nun nicht mehr Gäste und Fremdlinge, sondern Mitbürger der Heiligen und Gottes Hausgenossen, (20) erbaut auf den Grund der Apostel und Propheten, da Jesus Christus der Eckstein ist, (21) auf welchem der ganze Bau ineinandergefügt wächst zu einem heiligen Tempel in dem Herrn. (22) Durch ihn werdet auch ihr mit erbaut zu einer Wohnung Gottes im Geist.

Es geht um die Frage, was unserem Leben einen Halt gibt. Der Apostel erinnert seine Gemeinde daran, dass dieser Grund keine Selbstverständlichkeit ist. Dass es sich lohnt, nach diesem Grund immer wieder zu fragen. „Ihr seid einst fern gewesen", macht er den einstigen Heiden in Ephesus klar, die nun Christen geworden sind. „Der Grund eures Lebens ist euch nicht aus eurer Tradition heraus erwachsen und er war auch nicht immer schon bei euch da." Dieser Grund ist euch *zugekommen* und er hat euch zu sich *versammelt*.

Er ist euch zugekommen, als Gott in Jesus Christus ein Mensch geworden ist. Er ist euch zugekommen, als er hineingetreten ist in euer Leben. Er hat euch versammelt, als er für euch an das Kreuz gegangen ist, um dort für euch zu sterben. Um dorthin all das mitzunehmen, was euch vom Leben trennt und am Leben hindert. Um euch mitzunehmen zum Leben. Denn Jesus ist auferstanden.

Das ist das Erste, durch das die Gemeinschaft entsteht: Die Christen in Ephesus sollen begreifen, dass sie ihr Leben nicht sich selbst verdanken, sondern einem anderen. Sie und wir sollen begreifen, dass nicht das, was wir selbst tun können, unserem Leben Halt gibt, sondern das, was *Gott* für uns tut. Wir alle leben davon, dass er uns Räume schenkt zum Leben. Und das verbindet uns miteinander. Jeder von uns, sei er von hier oder sei er aus einem anderen Ort oder einem anderen Land, jeder und jede von uns lebt davon, dass er Heimat *geschenkt* bekommt. Das Selbstverständnis des Volkes Israel ist tief von der Erinnerung geprägt, dass die Israeliten einst selbst Fremde gewesen sind, damals in Ägypten. Und an die Tat der Befreiung durch Gott, der sie herausgeführt hat aus der Unterdrückung hin zur Freiheit und zum Leben.

Diese Erinnerung steht nun auch am Beginn der christlichen Bewegung: *Jetzt aber in Christus Jesus seid ihr, die ihr einst fern wart, nahe geworden durch das Blut Christi. (14) Denn er ist unser Friede, der aus beiden eins gemacht hat und hat den Zaun abgebrochen, der dazwischen war, indem er durch sein Fleisch die Feindschaft weg-*

nahm. In Jesus Christus sind die, die einst „Fremdlinge" waren zu „Mitbürgern" geworden: *So seid ihr nun nicht mehr Gäste und Fremdlinge, sondern Mitbürger der Heiligen und Gottes Hausgenossen.*

Lassen wir uns daran erinnern, dass wir *alle* „Fremdlinge" waren, dass wir *alle* Leben und Heimat geschenkt bekommen haben. Dann entsteht etwas, das der Apostel in gewichtigen Begriffen beschreibt:

Dann entsteht *Friede*: *Er ist unser Friede*: Er, Jesus Christus. Ein Friede, der nicht über die Besonderheiten des Einzelnen hinweggeht. Der gerade uns, wie wir sind, meint. Uns, mit unseren Fähigkeiten und Begabungen, aber auch mit all unseren Schwächen und Unzulänglichkeiten, mit unserer Engstirnigkeit und mit unseren Fehlern, mit den Grenzen, an die wir bei uns selbst und miteinander stoßen. Wäre es möglich, dass eine Gemeinschaft entsteht, die das Einzelne gerade nicht einebnet, sondern aufnimmt?

Dann entsteht *Hoffnung*: Einst *hattet ihr keine Hoffnung und wart ohne Gott in der Welt*, schreibt der Apostel. Jetzt aber, weil ihr um den Frieden, der in Christus besteht wisst, habt ihr Hoffnung. Hoffnung ist eine Ausrichtung auf die Zukunft: Sie entsteht aus der Gewissheit, dass Gott meinem Leben auch in der Zukunft einen Halt geben wird. Wenn ihm mein Leben so viel wert ist, dass er das Leben seines eigenen Sohnes dafür einsetzt, dann kann ich ihm vertrauen. Dann kann ich darauf vertrauen, dass ich auch in einer sich rasant verändernden Welt einen Halt finden kann.

Und so entsteht *Heimat*: Heimat als Gottes Hausgenossen, verbunden als Menschen, die allesamt von Gottes Gnade, von seinem Geschenk des Lebens leben. Ob sie das wissen wollen oder nicht. Ob sie an Gott oder an Christus glauben wollen oder nicht. Keiner von uns hat dem anderen etwas voraus, wenn wir wissen: wir leben aus Gottes Gnade.

Das ist mit Sicherheit kein politisches Programm und keine einfache Lösung. Es ist eine Erinnerung daran, wovon wir Menschen leben. Es ist eine Ausrichtung auf die Mitte, an der wir uns an diesem Sonntag, an dem wir miteinander ein Fest feiern, einfach gemeinsam freuen sollen, das wir gemeinsam feiern und besingen, an dem wir unser Leben im Gebet ausrichten sollen: *Er ist unser Friede. Er hat den Zaun abgebrochen, der dazwischen war, indem er durch sein Fleisch die Feindschaft wegnahm. So seid ihr nun nicht mehr Gäste und Fremdlinge, sondern Mitbürger der Heiligen und Gottes Hausgenossen.*

MIX
Papier aus verantwortungsvollen Quellen
Paper from responsible sources
FSC® C105338

Printed by Books on Demand GmbH, Norderstedt / Germany